光秀の歩き方

岐阜新聞社

明智光秀画像
(大阪府岸和田市 本徳寺蔵)

はじめに

明智光秀ほど謎に満ちた生涯を送った戦国武将はいるだろうか。生年や出生地がはっきりしないばかりか、歴史の表舞台に登場するまで、どのような前半生を送ったか定かではない。

そして、本能寺の変。天下統一目前の主君織田信長をなぜ突如裏切り、葬り去ったか。その動機は日本の歴史上最大のミステリーとされる。

本書『光秀の歩き方』では、美濃から越前、近江、丹波、京都へと舞台を移し、本能寺の変からいわゆる〝三日天下〟を経て山崎の敗戦で命を落とすまで、光秀の足跡を追っていく。そして数カ所ある首塚や天海僧正としての生存説など、各地に残る伝承もたどった。

これら光秀ゆかりの地をともに歩くことで、主君を討った逆臣のイメージにとらわれない新たな人物像が見えてくれればと願う。

山本　耕

目次

第2章　越前

第3章　近江

目次

目次

第1章 美濃

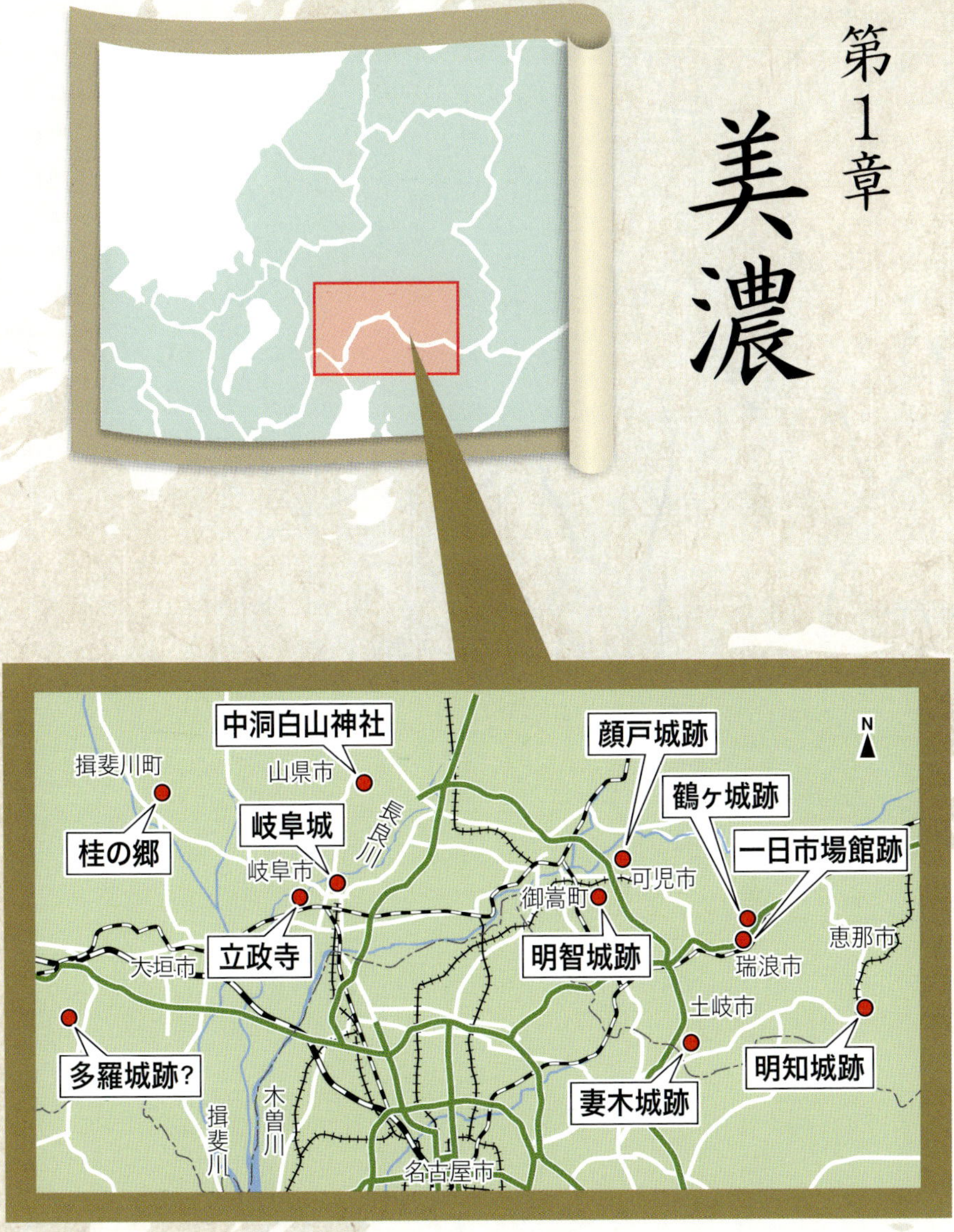
中洞白山神社
揖斐川町
山県市
長良川
顔戸城跡
N
鶴ヶ城跡
一日市場館跡
桂の郷
岐阜城
岐阜市
可児市
御嵩町
恵那市
立政寺
明智城跡
瑞浪市
大垣市
土岐市
多羅城跡?
明知城跡
妻木城跡
木曽川
揖斐川
名古屋市

1

明知城（白鷹城）跡

岐阜県恵那市明智町

残る明智の名、往時を思う

地名に明智の付く恵那市明智町の明知城跡は、謎多き武将明智光秀の出身地として有力と考えられてきた。まずこの地から光秀の足跡をたどろう。

大正期の面影をよく残した明智の街並みを抜け、東の小高い山裾を回り込むと、明知城跡への登り口がある。城は明知遠山氏の本拠地で、遠山十八城の一つ。宝治元（１２４７）年、遠山三郎兵衛景重が築城したとされる。

美濃地方南東部に位置する明智、岩村など旧恵那郡南部一帯は戦国のころ、信濃、三河、尾張との国境に近く、織田氏と武田氏によってしばしば争奪戦が繰り広げられた。要衝の地に築かれた明知城は、標高５２８メートルの山に地形を巧みに利用して築かれた山城。白鷹城《しらたかじょう》とも呼ばれ、県の指定文化財になっている。

麓から山頂までの高さは約80メートル。「白鷹城」の旗印の立つ駐車スペースから遊歩道が始まる。手すりの柵などは設けずにほどよく整備され、往時の

標高 528m の山頂の明知城本丸跡。細長い平地に雑木の切り株跡が点在する

雰囲気を感じさせる。

山全体が城塞化

遊歩道沿いには三の丸、二の丸を含む大小20余りの保塁が今も残されている。重要な砦《とりで》には石垣を積み上げ、その中には陣屋として実戦に備えた館もあったという。出丸には礎石や石垣が現存する。

保塁の外側を巡るように横堀と畝《うね》状竪堀群が設けられ、城の最大の特徴となっている。山全体が城塞《じょうさい》化され、敵を迎え撃つ兵が要所に配置されていたのを実感できる。

主郭のあった山頂は長さ50メートル、幅10メートルほどの細長い平地。案内板が立ち、雑

明知城の登城口。「白鷹城」の旗印や石標が立つ

わずかに存在する遺構。
陣屋の礎石と石垣跡

木の切り株が点在するだけで、目立った遺構は見られない。

武田勝頼に敗れ落城

天正2（1574）年1月末、2万の武田勝頼軍が東濃諸城の攻略に押し寄せた。ときの明知城主は遠山一行で、叔父利景とともに城を守った。織田信長・信忠父子が救援に向かい、松永久秀開城後の多聞山城（奈良市）に留守番として入城していた光秀も、細川藤孝と交代して美濃に向かったという。武田勢に背後を取られた織田勢は動けず、明知城は落城。織田父子は岐阜に帰陣し、光秀も当時本拠地としていた坂本（滋賀県大津市）に戻った。

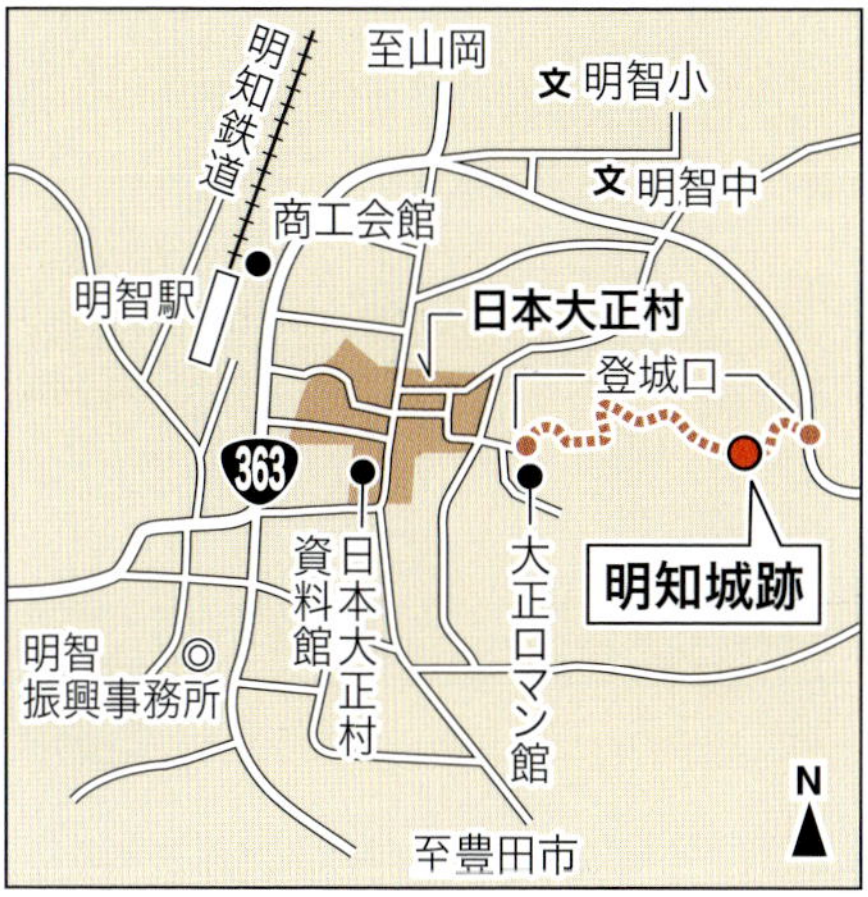

アクセス

・JR中央線恵那駅で明知鉄道に乗り換え、終点明智駅で下車。明知城登城口までは徒歩約20分。
・車では県道33号から旧道に入った終点に10台ほどの駐車スペースがある。

メモ

明知遠山氏は鎌倉時代初期に、美濃遠山氏の宗家で藤原氏の流れをくむ岩村遠山氏から分家し、明知城を拠点とした。江戸時代は旗本として存続。分家の末裔《まつえい》に、講談や小説、テレビドラマで有名な「遠山の金さん」のモデルとなった江戸町奉行遠山景元がいる。

明知城は何度かの曲折の後、慶長５（１６００）年の関ケ原合戦で家康の命を受けた遠山利景が奪還。元和元（１６１５）年の一国一城令により廃城となった。

　では明知城と光秀との関わりはどうか。光秀の出身地である決定的な証拠はないが、周辺には数々の伝承や旧跡が残されている。城山を下りて探訪してみよう。

2

明知城周辺と落合砦

岐阜県恵那市明智町

碑に井戸　伝承や旧跡残る

明知城跡のある恵那市明智町は、果たして明智光秀の出身地だろうか。城の周辺に残る伝承や旧跡を探索してみよう。

城山西側山腹の万ケ洞には、「光秀公学問所」の天神神社がある。光秀が幼少のころに京都から嵯峨天竜寺の雲水・勝恵という学僧を招き、勉学に励んだと伝えられる。

城の北西山麓の龍護寺は明知遠山氏（寺では明智遠山氏と表記）の菩提寺で、歴代の墓がある。山門の横には光秀供養塔と伝えられる碑があり、光秀の悲痛な思いによりひび割れが入ったという。現在は廟《びょう》に納められ、脇には「明智光秀公出生地」と書かれた碑も建てられている。供養塔は、毎年5月3日の光秀まつりに供養が行われる折に一般公開される。

寺にはさらに九条衣の伝承がある。光秀家臣を名乗る落ち武者が訪ねてきて、主君の供養を乞い、光秀愛用の直垂《ひたたれ》を残して去った。それ以来、九条衣と呼ばれる袈裟《けさ》の四隅にこの直垂の布が縫い込まれ、寺宝として伝えられている。現在は非公開。

街道沿いに母の墓所

龍護寺に隣接する八王子神社には、光秀が柿本人麻呂をまつって建立したと伝えられる社と、手植えのカエデの古木がある。

さらに明知城跡南東の中馬街道沿いには、光秀の母「於牧《おまき》の方」の墓所がある。悲運の最期を遂げた於牧の方をしのび、里人が建立したと伝えられる。

このように明知城跡とその周

幼いころの明智光秀が学問に励んでいたという万ケ洞天神神社。手前は枝垂れ桜の古木

龍護寺の山門を入った右手にある明智光秀公御霊廟。供養塔は廟内に納められている

落合砦跡に残る明智光秀産湯の井戸

メモ

明智町には大正時代を中心とした西欧風建造物が数多く残されている。城下町一帯を「日本大正村」として街並みを保存している。入園料が必要なテーマパークではなく、大正浪漫館、大正時代館、日本大正村資料館の3施設に入館する場合だけ共通入場券が必要。

辺には、数々の光秀に関する伝承や旧跡が残されている。光秀出身地候補と考えられてきた可児市の明智城跡に比べて多く、強調できる点といえるだろう。

城下町を隔てた南西側には明知城の支城とされる落合砦《とりで》があり、千畳敷砦とも呼ばれる。町を見下ろす崖の上が砦になっていて、「明智光秀産湯の井戸」がある。木枠で囲われ金網で蓋《ふた》をされているが、のぞき込むと底知れぬ深さを見て取れる。傍らの説明板には、光秀は千畳敷にあった明知城で生まれたとの伝承が記されている。

両氏に意外な関連性

光秀の出自は土岐源氏の明智

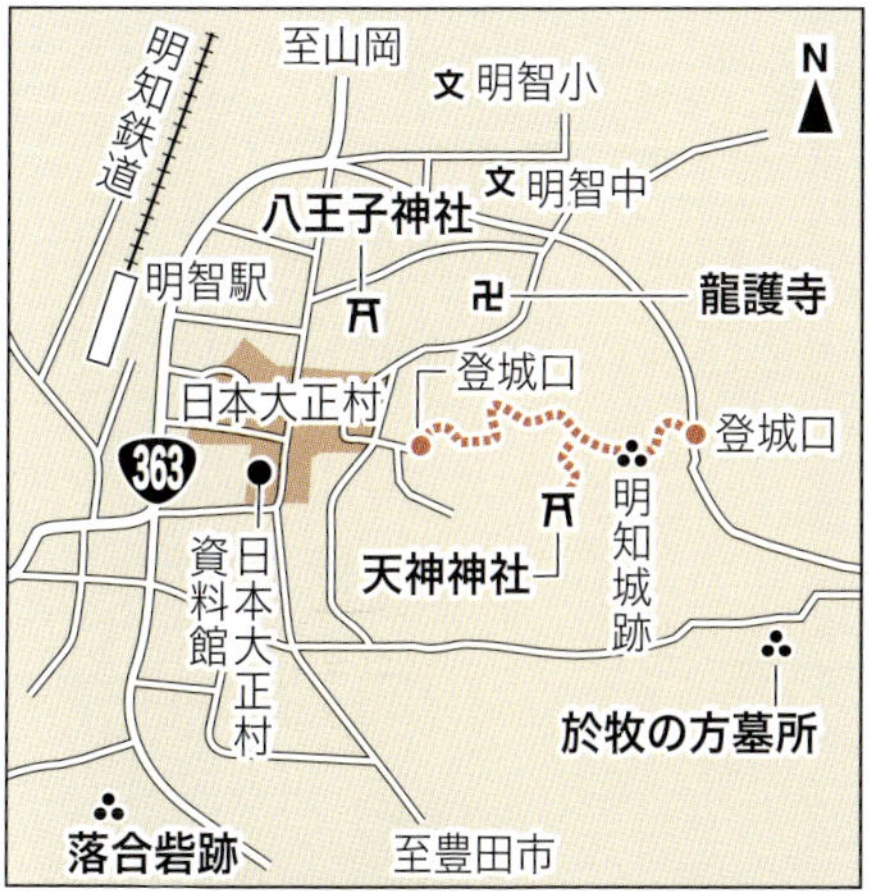

アクセス

・JR中央線恵那駅で明知鉄道に乗り換え、終点の明智駅で下車。または中央線瑞浪駅で東濃鉄道バスに乗り換え、終点の明智駅前で下車。明知城登城口や龍護寺、産湯の井戸までは徒歩それぞれ20分前後。

氏とするのが一般的で、藤原氏の明知遠山氏の本拠地である明知城との関連性は薄いとされてきた。だが龍護寺境内の説明板には、光秀の叔父の光安と明知遠山氏の景行とは同一人物との系図が記されている。岩村藩士が書き残した『恵那叢書《そうしょ》』によるもので、土岐明智、明知遠山両氏の関係が裏付けられれば、光秀と明知城とのつながりが出てくる。

「於牧の方」の墓所

江戸時代に成立した『系図纂《さん》要』では、土岐明智氏を「明智郡遠山庄」の頼兼からの流れとしており、注目される。同書では光安を遠山入道宗叔と記している。一方、『寛政重修諸家譜』によれば、宗叔は遠山景行の法名。『系図纂要』が『恵那叢書』の説の源流だろう。

3

明智城（長山城）跡

岐阜県可児市瀬田

ゆかりの地の痕跡いずこ

わずかの日数にせよ天下を取った明智光秀の前半生が、謎に包まれてよく分からないのはなぜだろうか。室町幕府将軍足利義昭に仕えて上洛するまで、確かな史料でその足跡をたどることは不可能といっていい。

県内には恵那市明智町の明知城、可児市瀬田の明智城をはじめ、光秀の出生地を名乗る場所が何カ所もある。「明智光秀産湯の井戸」と伝えられる井戸跡も、各地に点在している。だが少年期や青年期の逸話はほぼ皆無で、そのことが出生地の特定をより困難にしているとも考えられる。

歴史は常に勝者の歴史であり、勝者に都合のいいように書き換えられてきた。山崎の戦いで羽柴秀吉に敗れた光秀は、天下統一目前の織田信長を討った大逆人としてのイメージを植え

本丸跡とされる山の背に建つ「明智城址」の石碑

付けられた。

そして敗者につながる人々は、敗者との縁をなかったものにしようとする。改姓により明智を名乗る者はほぼいなくなった。光秀の出身地、ゆかりの地としての痕跡も、いったん抹消されたのではないか。

義龍の攻撃受け落城

光秀出身地の有力候補とされてきた明智城とその周辺にも、光秀にまつわる伝承はさほど多くない。まずは城の歴史を見てみよう。

戦国時代の城跡が10カ所もある可児市。その中で明智城は土岐明智氏の出自の地であり、光秀の出生地との伝承を持つ。

七つの丸い石囲いは確認できる「七ツ塚」。古墳跡との説もある

『美濃国諸旧記』によれば康永元（1342）年、美濃国守護・土岐頼清の次男頼兼が城を築き、明智姓を名乗った。210年余り後の弘治2（1556）年、光秀の叔父光安が城主であったとき、稲葉山城主斎藤義龍の攻撃を受けて落城。光秀はわずかの一族とともに落ち延びた。

城の別名の長山城は、標高170メートルほどの山が東西に長く連なっていることが由来とされる。

七武将葬った「七ツ塚」

城山の北側にある登り口には大手口の石碑が建つ。散策道として整備され、傾斜も緩やかで登りやすい。大手門をくぐり左右に曲輪《くるわ》とされる場所を見ながら進むと、二の丸跡。南側に団地が隣接するのにはやや興ざめするが、見晴らしはいい。

一段下には、明智七武将を葬ったという丸い石囲いの「七ツ塚」や敵の侵入を防ぐという逆茂木《さかもぎ》、馬場や馬防柵がある。あまり広くない背の部分に「明智城址」の石碑が建つ。本丸跡は貯水池になっており、ほとんど原形をとどめていないという。さらに進むと小高い西出丸跡に出る。

ここまで歩いて30分余り。全体がコンパクトで、回りやすく整備されている。ところが近年の調査では城郭遺構は確認されておらず、明智城跡とする明確

アクセス

・名鉄広見線明智駅から南へ約1.5キロ、徒歩約15分。
・車では東海環状自動車道可児御嵩ＩＣから約５分。登り口前に駐車場あり。南側の羽生ケ丘団地経由で直接二の丸付近まで行くこともできるが、駐車場はない。

な根拠は見いだされていない。
西大手曲輪につながる下りの搦手道《からめてみち》は、倒木などのため通行止め（２０１９年春時点）。来た道を戻り、遊歩道の終点から登り直すことにしよう。

「明智城大手口」の石碑。少し奥へ進むと大手門が設置されている

メモ

1980年代半ばから明智城跡一帯が公園として整備され、本丸、二の丸、馬場などの標柱や七ツ塚など石碑が建てられた。本丸跡近くには山からせり出すように木製の展望台が設けられ、北に開けた眺望が素晴らしい。

4

明智城周辺と天龍寺

岐阜県可児市瀬田

善政の歴代城主を慰める

明智城跡があるのは、東西に細長く延びた可児市瀬田の丘陵一帯。本丸跡から北西方向に、西大手曲輪《くるわ》や乾《いぬい》曲輪、見張り台がある。いったん谷間を下ってから登る搦手道《からめてみち》が災害で不通のため、遊歩道終点から逆コースをたどってみた。

西大手曲輪は細長く小高い山中の台地部分にあり、その先の乾曲輪に、「六親眷属幽魂塔《ろくしんけんぞくゆうこんとう》」がまつられている。祠《ほこら》の中に納められたこの碑は、1973（昭和48）年に土中から発見された。案内板によれば、六親眷属とは歴代の明智城主を意味し、慰霊のための幽魂塔であるという。

土中からわずかに顔を出している石を掘り起こしたもので、逆臣に味方しての処罰を恐れて埋めたのでは、としている。地元民がそこまでして霊を慰めていたのは、歴代明智城主が善政を施し、領民に慕われていた証拠、と推論を重ねている。

日本最大の光秀の位牌

登城口の東にある天龍寺には、土岐明智氏歴代の墓とされる墓石が1カ所に集められている。本堂には高さ184センチメートルの日本一大きい光秀の位牌《いはい》がある。光秀の命日6月13日にちなんだ6尺1寸3分のサイズで、92年に造られた。寺では毎年「光秀供養祭」が営まれている。

73年に郷土史家が作成した明智城縄張図によれば、城跡の北側には居館跡が広がっていた。域内の北西部には堀跡と土塁が描かれ、その東に「光秀産湯の井戸」と記載された場所があるが、

「六親眷属幽魂塔」が納められた祠。乾曲輪とされる山中の台地部分に建っている

天龍寺境内の本堂南側にある「明智氏歴代之墓所」

現存しない。

では光秀出自の地とされる明智城は、本当にこの場所にあったのだろうか。県内の城館跡を調査した『岐阜県中世城館跡総合調査報告書　第3集』(県教育委員会、2004年)の「長山城跡(明智城跡)」の項には、否定的な言葉が並ぶ。

「近代以前の地誌においてこの地に城館が存在したと明瞭に述べるものは皆無」とし、曲輪や堀切の跡とされるものは、ほとんどが人工的ではなく自然地形とする。結論部分では、「長山城の遺構と明智光秀との関わりといった歴史的背景は、近時多分に創造された点の多いことを認識すべきである」と手厳しい。

ただし主郭とされる部分に小規模な遺構が存在し、後世になって破壊された可能性までは否定できないとしている。

　さらに『可児市史』（第1巻通史編　考古・文化財、2005年）も、市史編さんのため委託した調査を紹介。「城郭遺構は認められない」と、県教委報告書と同様の結論を記載している。ただ今後の周辺地域を含めた多角的調査が必要として、含みを残す。

　長年、地元で明智城跡の保存整備活動を続けている可児市議の林則夫さんは、城はあくまで非常時用で、普段は麓の居館を使っていたという。静岡大学名誉教授で戦国史が専門の小和田哲男さんも同様の意見。山の上は立てこもるための城で、大屋敷などの地名が残る麓に普段の居館があったとしても不思議ではないとする。今後の展開を待ちたい。

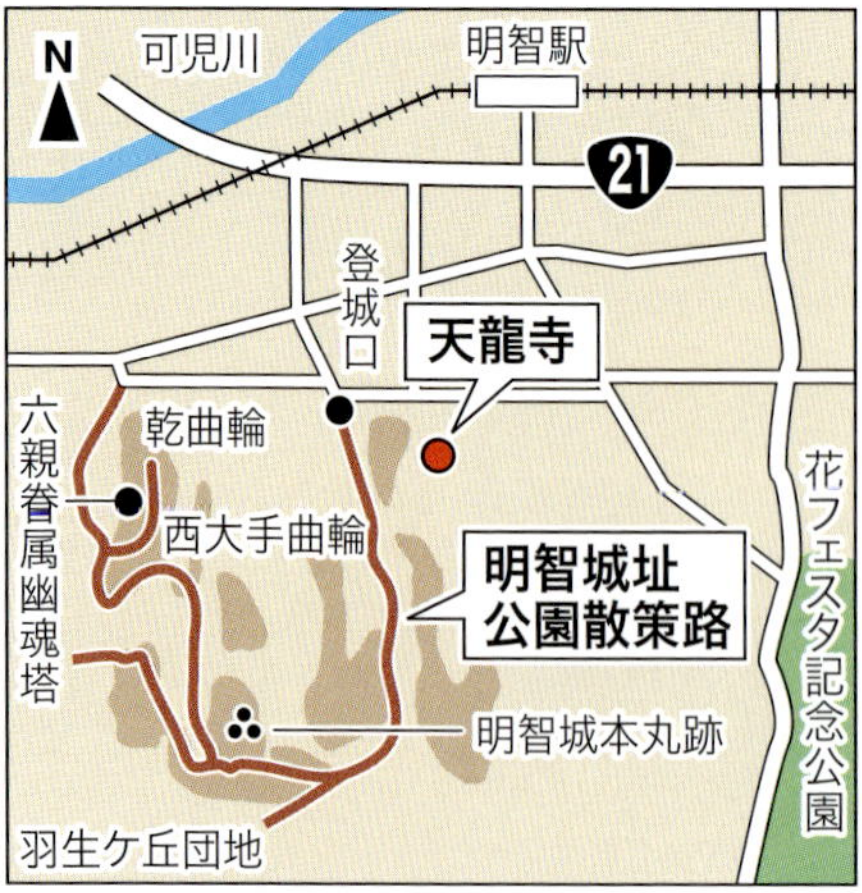

アクセス

・明智城登り口までは、名鉄広見線明智駅から徒歩約15分。
・車では中央自動車道多治見ＩＣまたは東海環状自動車道可児御嵩ＩＣで降りる。天龍寺は登城口から東へ徒歩数分。

メモ

１９７３（昭和48）年に放送されたＮＨＫ大河ドラマ「国盗り物語」（司馬遼太郎原作）によって、明智光秀に対する関心も高まった。ドラマでは、恵那市明智町が光秀ゆかりの地として描かれた。相前後して可児市の郷土史家らは、同市瀬田の丘陵地を明智城跡と打ち出し、主要部に解説板などが設置された。

※2019年1月取材

史跡巡りマンガ
可児市編
いざ参らん!
広東もな
まずは明智城跡
ハイキングにぴったりな山道
暖かい時に来たかった
昭和48年に地中から発見された慰霊塔。処罰を恐れ隠れて明智一族の霊を慰めていたのだ
六親眷属幽魂塔
かつては堂々と祀れなかったのね
『明智城趾記』を見てもこの土地の方々の無念さが伝わってくるのだ
逆臣の汚名を着て非業の最期を遂ぐ英雄の末路痛恨の極み
同じ岐阜県民として泣ける
次は明智一族のお墓がある天龍寺へ!
素敵な枯山水の庭
奥様文子さんはお寺の業務をこなしながら、マスコミ対応も明るく軽快なトークでこなしている
この格好の写真撮らないで!
襖絵が豪華!
184cmの光秀公の位牌が本堂にある
どーん
長存寺殿明窓玄智禅定門 位
〇〇新聞と××新聞にも載りました♪
大河ドラマ効果絶大!
光秀公が脚光を浴びて、地元の人の無念を晴らせる日が来たのね

5

顔戸城跡

岐阜県可児郡御嵩町顔戸

明智城か、地下に眠る遺構

これまで明智城跡とされてきた可児市瀬田の明智城（長山城）跡は、県教育委員会や可児市委託の調査によって、城跡ではなく自然地形である可能性を指摘されている。可児市と可児郡御嵩町の一部を含む明智荘《あけちのしょう》内の別の場所に、明智城が存在した可能性はあるのだろうか。その候補地として、瀬田から北東方向へ3キロメートル足らずの距離にある顔戸《ごうど》城跡が浮かんでくる。

御嵩町中心部から国道21号（中山道）を西に進み、顔戸交差点を少し過ぎて北の集落に曲がり込むと、顔戸城跡の案内板と石碑が見つかる。城跡は四角形の南東角を削ったような形で、可児川北岸の高台に位置している。

「構」の地名だけ残る

案内板によれば城跡は東西約150メートル、南北約167メートルの広さで、空堀と土塁に囲まれている。土塁から堀底までは最大で10メートル前後と

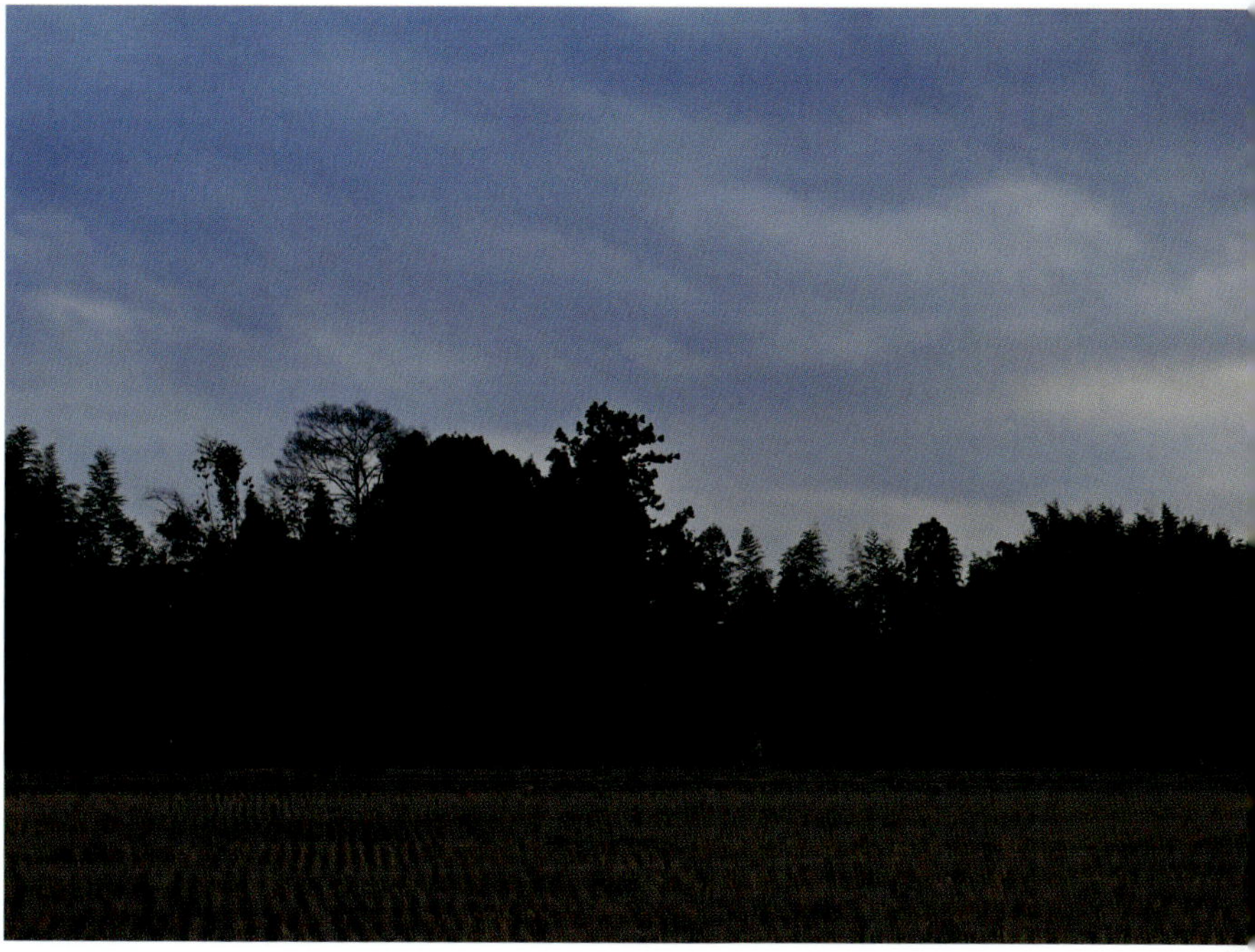

夕日の迫る顔戸城跡。黒々とした森が田園風景の中に浮かび上がる＝可児市瀬田

メモ

斎藤妙椿は室町幕府の武将で、美濃国守護代として土岐氏に仕えた。その権勢は土岐氏をしのぐようになり、近江・尾張・伊勢・越前にまで影響力を行使し、「応仁の乱の趨勢《すうせい》は妙椿の意思で決まる」とまで評された。篠脇城（現郡上市大和町）を奪われ悲しむ東常縁《とうのつねより》に、歌を贈らせて所領を返還した逸話は有名。

深い。石碑近くの土塁には切り込みがあり、城門跡だという。

内側に広がる平坦な場所には、城屋敷が構えられていたと考えられ、今も「構《かまえ》」の地名が残るが、城屋敷の遺構は地上で確認できない。民家が建ち、畑として開墾されている。

北側に回ると、見晴らしのいい田畑の中に竹や雑木の屋敷森が広がり、城跡のスケールを実感できる。

顔戸城は美濃国守護代の斎藤妙椿《みょうちん》によって、応仁年間（1467〜1469年）に築かれたとされている。妙椿は応仁の乱で活躍し、美濃守護職土岐氏の衰退期に実権を握った。歌を好む文化人としても知られ、

城門跡とされる近くに建つ案内板と石碑

場所によって10ｍほどの深さがある空堀

顔戸城は妙椿の隠居所だとする説もある。

だが昭和40年代後半に瀬田の丘陵地が明智城として打ち出されるまでは、この顔戸城が明智城として考えられてきたようだ。

可児郡の政治の中心

幕末から明治にかけてこの地域の地誌編さんに携わった櫛田道古は、『美濃可児史略』（1895年）に、「明知氏は可児郡顔戸城主なるべし。明知光秀は此末孫なり」と記している。さらに光秀について、「可児郡明智郷瀬田村に住す」としている。居館が瀬田にあり、城が顔戸にあったということだろうか。戦前に調査執筆された旧編の『御嵩町史』(1959年)も、大化の改新後、可児郡《ごおり》の政治の中心は顔戸に置かれ、その遺構を利用して明智城が築かれたとみなしている。

近年、光秀の子孫を名乗り本能寺の変などに関する著書がある明智憲三郎氏は、「土岐一族である明智氏が斎藤妙椿にその所領を奪われたとすると、この顔戸城こそが明智城の可能性がある」としている。

うっそうとした雑木林や竹林に囲まれる顔戸城跡だが、なぜ数百年後もこのような状態で残っているのか。近くに住む女性によれば、城跡内部は土地所有者が細かく分かれて整備しにくいからだという。平地でこれほどの規模の城跡が残っている例は全国的にも極めて珍しく、内部の地下には良好に遺構をとどめている可能性が高いと専門家は指摘する。今後の調査と保存対策が望まれる。

御嵩町内には、後に関ケ原の戦いで活躍する可児才蔵(吉長)が幼少期を過ごしたという願興寺がある。才蔵は本能寺の変の際は光秀に従い、山崎の合戦では光秀の影武者を務めたとの伝承がある。

アクセス

・名鉄広見線顔戸駅を下車し、徒歩約 10 分。
・車では東海環状自動車道可児御嵩ＩＣから約 10 分。城跡南東側の案内板前に 1、2 台分の駐車スペースがあるが、私有地で許可が必要。願興寺は顔戸城跡から東へ 2.5km ほどの距離。

6 多羅城跡

岐阜県大垣市上石津町宮

「出生の地」謎秘める山城

諸説入り乱れる明智光秀生誕地だが、有力候補として近年急浮上してきたのが大垣市上石津町の多良地区（現在の住所表記では宮）。その根拠とされる『明智氏一族宮城家相伝系図書』（東京大学史料編纂所）によれば、光秀は享禄元（1528）年、石津郡多羅に生まれた。母は明智家当主光綱の妹で、多羅を居城とする進士信周《しんじのぶちか》に嫁いでいたが、兄光綱に子がなかったため次男を養子に出した。これが後の光秀だという。ただし明智城で生まれたとの別説も付記している。

可児市の林則夫さん所蔵の古文書をもとにした『明智光秀公家譜古文書』（田中豊編）では、母は光綱の妹だが、実父は進士ではなく山岸信周。母が可児郡明智城に里帰りしていた際に生まれ、そのまま養子になったという。

さらに、江戸期の国学者である塙保己一《はなわほきいち》が編さんした『続群書類従』所収の「明智系図」では、光秀の出生地は濃州多羅城。明智光隆の子で母は武田義統の妹とある。義統は若狭武田家の当主で、正室は足利義輝、義昭兄弟の妹。「明智系図」に従えば光秀は足利将軍家と縁続きということになるが、信じ難い。

「城ケ平」が最有力

多羅城は多良地区にあった戦国時代の城館。関ケ原の戦いよ

山城の可能性が高い城ケ平。山頂部を取り巻く土塁跡がはっきりと残っている

り前に、領主の関一政が築いたとされる。前出の宮城家系図には「進士氏の居城」とあり、関氏以前から多羅城が存在していたとも考えられる。

　城跡は特定されていないが、最有力とされるのは多良小学校から西に３００メートルほどの「城ケ平」と呼ばれる小高い山。調査に入った滋賀県立大学教授の中井均さんによれば、山城であることは間違いないという。

　多良歴史同好会会長の鈴木利通さんに案内してもらった。城山は標高１５０メートル、山麓からの高さは約20メートル。北側の羽ケ原《はがら》と呼ばれる場所から登ると、数分で左手に平坦部が見えてくる。かつては水田だったという。明瞭な土塁跡があり、さらに進んだ平らな山頂部は約3千平方メートルの広さ。一段低い土塁跡が周囲を取り巻いている。山全体に昭和40年代に植樹したという杉が林立している。

南側から見た城ケ平。草地や茶畑跡の向こうに、木々の生い茂る小高い山がある

近年、これだけ手付かずの山城跡が発見されるのは、全国でも極めてまれだという。文献にも伝承にも登場しない謎の城。多羅城であるかどうかも分からない。地元のまちづくり協議会を中心に、歩道や駐車場などの整備を進めている。

杉が林立する山頂部。平坦な場所に何カ所か井戸跡のようなくぼみが確認できる

ロマン感じる多良の町

次に進士氏と山岸氏について考えてみよう。進士氏は室町幕府に直接仕える奉公衆で、足利将軍の食膳の調理を世襲していた。足利義輝が三好・松永勢に討たれた永禄8（1565）年の永禄の変では、進士晴舎《はるいえ》が敵の侵入を許した責任を負って切腹。息子の藤延《ふじのぶ》も討ち死にした。

山岸氏の出自は加賀。南北朝時代に南朝方に属し、越前から美濃に入り根尾（現本巣市）に城を築いた。その後、土岐氏に帰属して谷汲（現揖斐郡揖斐川町）に移り住み、明智氏とは養子や妻を迎えるなどして縁を重ねた。

さらにその後、桂の郷（現揖斐川町）に移ったが、上石津の多羅城にいたとの説もある。

宮城家系図には「明智進士両家は代々重縁となってきたが、進士は元来、氏ではあらず、官名によるものであって、もとは山岸と称した」とあり、これに従えば「進士山岸氏」と呼べる。

里山に囲まれ、豊かな自然や星空の美しさを誇る上石津町。多良は映画「風と共に去りぬ」で印象的な農園の名「タラ」を連想させる。隣接する時地区の語源は何だろう。「土岐」に通じないだろうか。ロマンを感じさせる町といえる。

アクセス

・上石津郷土資料館へはＪＲ大垣駅から名阪近鉄バス「多良・時行き」に乗り、宮で下車し、徒歩約２分。
・車では名神高速道路関ケ原ＩＣまたは養老スマートＩＣで降り、一般道で約 20 ～ 25 分。城ケ平は郷土資料館南西の多良小学校から西へ約 300m。晴明神社の祠付近から案内板に従い進む。

メモ

関ケ原の戦い後に上石津町多良、時を領地としたのは高木家。西・東・北の三家がそれぞれ陣屋を構え、旗本ながら大名並みの格式を許された。木曽三川の水奉行を務めた西高木家には陣屋跡遺構と膨大な量の古文書が残され、陣屋跡は多羅城候補地の一つ。一角に建つ上石津郷土資料館は光秀関連の展示が充実している。

7 妻木城跡

岐阜県土岐市妻木町

戦国期に築城　巨岩を残す

光秀の妻は土岐氏一族の妻木氏の出身で、広忠の娘。名は熙子《ひろこ》または熙子と表記されるが、良質な史料には記載がなく、確証はない。

熙子にはいくつかの逸話が残されている。「婚礼前に疱瘡《ほうそう》を患って顔に痕が残ったが、光秀は意に介さず受け入れた」「光秀が困窮しているころ、黒髪を売って連歌会の費用にした。それに感謝した光秀は、熙子亡き後も側室を持とうとしなかった」など。松尾芭蕉の句にも詠まれた相思相愛の美談だ。ただ光秀には3男4女の子があったとされるが、熙子が全員を産んだのだろうか。

妻木氏は土岐市の中ほどに位置する妻木を領地とし、同じ一族として最後まで光秀を支えた。天正10（1582）年の本能寺の変で広忠は光秀に従い、秀吉軍に敗れて近江国（現滋賀県）坂本で自刃した。同所の西教寺には熙子の墓と妻木一族の供養塔がある。

まるで古代の遺跡

妻木城は標高409メートルの通称城山に、天然の地形を利用して築かれた山城。暦応2（1339）年、土岐頼貞の孫土岐明智彦九郎頼重が築いたとされる。その後、広定の時に妻木氏

妻木城山頂部の主郭跡にある石垣。発掘調査で建物跡が確認されている

を称したという。近年の発掘調査では、戦国時代に築城されたことが明らかになってきた。

妻木城跡に登るには、北側山麓の陣屋跡からの急な山道と、比較的楽な南側駐車場からの2ルートがある。遊歩道がよく整備され、石垣、曲輪《くるわ》、土塁、堀切などの遺構を見て回ることができる。

山全体に花崗岩《かこう》の巨石が多く、古代の遺跡を歩いているような錯覚さえ覚える。刃物を入れたような直線的割れ方をして、石垣を積んだように見える場所もある。これは花崗岩の特質の「節理」によるもので、人の手によるものではない。

ただし西側の太鼓櫓《やぐら》から見下

山中には花崗岩の巨石が多い。人工ではなく、「節理」によって自然の割れ方をしている

ろす堀切にある巨岩には、人工の十字が刻まれている。関ケ原の戦いのころに堀切を築く際、くさびで砕いて除去しようとしたが断念した跡だという。

妻木氏菩提寺の崇禅寺。建物の随所に桔梗の紋が見られる

三の曲輪からは見晴らしが素晴らしく、眼下に妻木の町並み、遠くに御嶽などの山々を一望することができる。山頂の主郭跡は石垣によって南北2段に区画され、発掘調査で建物跡が確認されている。現在は旗立岩と伝わる巨岩や、「城山八幡神社」と書かれた祠《ほこら》、鳥居などがある。

城跡の北にある崇禅寺は、妻木氏の菩提《ぼだい》寺。妻木城の城門が山門として移築され、城主歴代の位牌《いはい》や墓所も残されている。位牌の年代などを調べて整理し、配置し直す作業が進められている。

城下町の町並み残る

妻木には城跡をはじめ城下町

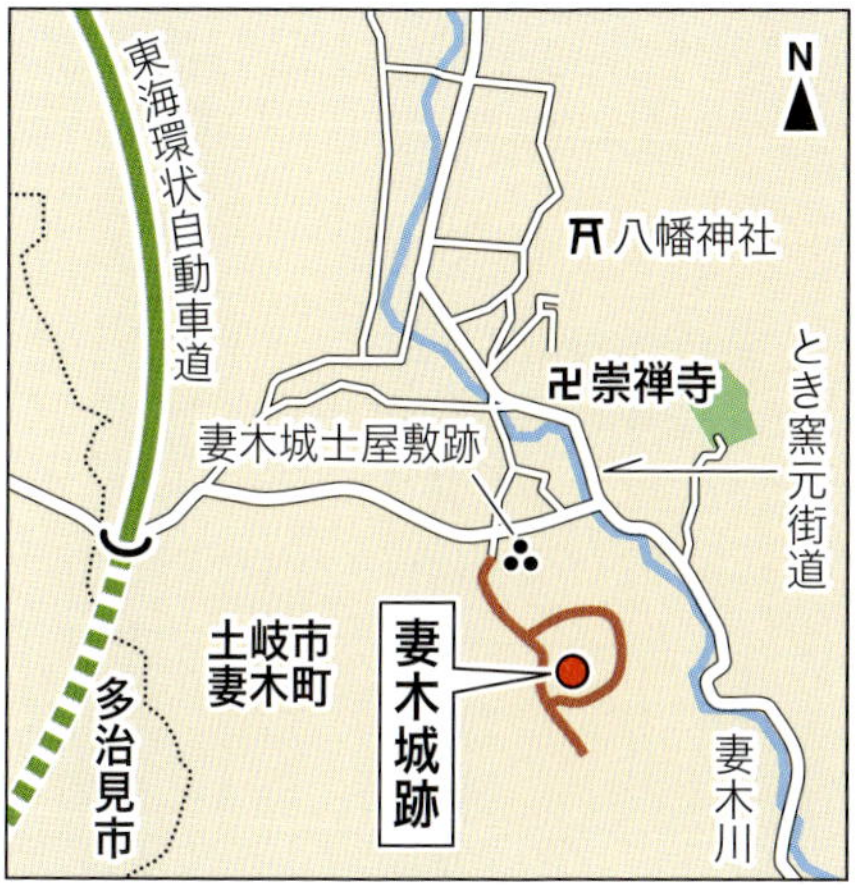

アクセス

・JR中央線土岐市駅から東鉄バスで終点・妻木上郷で下車。登り口は徒歩で妻木城側と妻木陣屋側からの2ルートがある。
・車では東海環状道土岐南多治見ICから15分。

メモ

山麓にある御殿跡・士《さむらい》屋敷跡は、妻木氏が江戸初期に7500石の旗本、交代寄合となったときの陣屋と家臣団の屋敷跡の複合遺跡。石垣や石段、庭石、井戸などが残り、妻木陣屋と総称される。妻木城跡とともに「妻木城址の会」（黒田正直代表）によって保存管理されている。

の屋敷跡、町並みが歴史と文化の町としてよく保存されている。近代以降はコーヒー碗《わん》皿などに特化した産地として栄えてきた。1955（昭和30）年に合併した8町村で成り立つ土岐市の文化財のうち、約4割がこの妻木にあるという。

近年、研究者の谷口研語氏は著書の中で、「光秀の本姓は土岐明智氏ではなく、土岐妻木氏だったのかもしれない。『突拍子もないことを……』といわれそうだが、まったく可能性がないわけではないとおもう」と書いている。

その根拠として、光秀の妹のことを「妻木」または「御ツマキ」と呼んでいる史料の存在を挙げる。妻の妹ではなく実の妹で、実家の姓で呼ばれていたとすると、光秀本人も妻木氏の出身ということになる。この妻木が光秀出身地の可能性はあるのだろうか。

8

一日市場館跡と鶴ヶ城跡

岐阜県瑞浪市
土岐町

忘れられた盟主の土岐氏

室町のころ、美濃（現岐阜県）の盟主は土岐氏だった。将軍足利氏を支える有力守護大名として、中央にも名をはせた。戦国の世に美濃を制した斎藤道三も織田信長も、出自は他国。美濃は彼らに征服され、支配された。だが、現代の岐阜においても、土岐氏について語られることは少ない。

鎌倉時代初期、美濃源氏主流の光衡は源頼朝に仕え、土岐川右岸の段丘上にある一《ひと》日市場（瑞浪市土岐町）に館を構えて土岐姓を名乗った。北に2・5キロメートルほどの小高い山にある鶴ヶ城は、館を守る砦として築かれたとされる。土岐氏歴代の居館だったが、ひ孫で美濃国守護に任じられた頼貞は高田（土岐市）に居を転じ、さらにその子頼遠は長森城（岐阜市）に移った。

肖像画を模した胸像

館跡があるのは国道19号（旧道）と県道20号線が交わるT字

一日市場館があったとされる八幡神社境内。光秀像（右）の隣に土岐光衡の胸像が新たに建てられた。桔梗の花を兜にさして戦ったことから、桔梗の花が土岐氏の家紋になったという

交差点の正面で、現在の八幡神社の境内一帯。その規模は道路、市街地化が進んだこともあり定まっていない。北側には土塁と思われる高さ約1メートルの遺構が、約50メートルにわたって確認できる。

ただし『岐阜県中世城館跡総合調査報告書　第3集』（県教育委員会、2004年）の「一日市場館跡」によれば、土塁の規模が小さく、城館の遺構かどうか疑問が残るという。

八幡神社境内に建つ明智光秀の胸像は、大阪府岸和田市の本徳寺が所蔵する肖像画を模したとされる。ふくよかで貴族然とし、肖像画とはかなり印象が異なる。

八幡神社北側の土塁と思われる遺構

胸像の横には、瑞浪市を中心に活動する「美濃源氏フォーラム」の募金活動によって、新たに光衡の胸像が造られた。その脇には、滋賀・西教寺に事務局を置く「明智光秀公顕彰会」によって建てられた石碑がある。「明智光秀公ゆかりの地　土岐源氏ここに発祥す」と刻まれている。

周辺には計3カ所の「明智光秀の産湯の井戸」があったともいわれるが、はっきりしない。明智氏が土岐氏の支流であることは確実視されているが、この一日市場館と明智氏との関係は希薄で、伝承もほぼ残っていない。

光秀生誕地の看板を下ろした格好の瑞浪市だが、寛永8（1631）年に書かれた『豊鏡』には、「光秀は土岐郡の出身」とある。著者は軍師として名高い竹中半兵衛の子、重門。土岐郡に属するのは現在の多治見、土岐、瑞浪の3市。他の史料とは異なるが、光秀とかなり近い時代に書かれたものだけに、瑞浪が生誕地の可能性は捨てきれないのではないか。

甲斐攻めで信長入城

鶴ケ城は神戸《ごうど》城、神篦《こうの》城、高野城、土岐城などの異名があり、天

鶴ヶ城の主郭があったとされる千畳敷

鶴ヶ城跡のある尾根への登り口

正2（1574）年の織田・武田両軍の戦いでは対武田軍の最前線の砦《とりで》となった。信長は戦略上の重要拠点と位置付け、有力家臣を配置して普請を行った。また天正10年の甲斐への侵攻の際、信長自ら入城している。

城の登り口は中央道側道沿いの諏訪神社から西にあり、主郭までは約10分。千畳敷と呼ばれる平坦部に案内板が立てられている。主郭から東西に延びる尾根上に東西の出丸があり、鶴が両翼を広げた姿に似ていることから城の名が付いたとされる。敵の侵入を防ぐため山の斜面を削った切岸《きりぎし》、土塁、井戸などが残り、眺望もよく見ごたえがある。

司馬遼太郎の『国盗り物語』の主人公は道三と信長。小説とNHK大河ドラマによって、二人は強く印象付けられた。その分忘れられた土岐氏だが、支配地域は東濃にとどまらず、最盛期には美濃、尾張、伊勢三国に及んでいた。土岐氏の時代はもっと知られていいだろう。

メモ

美濃源氏フォーラム（井澤康樹理事長）は、中世に美濃で活躍した美濃源氏土岐一族にまつわる郷土史を研究する民間団体で、1991（平成3）年設立。研究者らを講師に招き、岐阜市と瑞浪市で講座を隔月開催している。年度ごとにまとめられてきた講義録は、資料としても貴重。

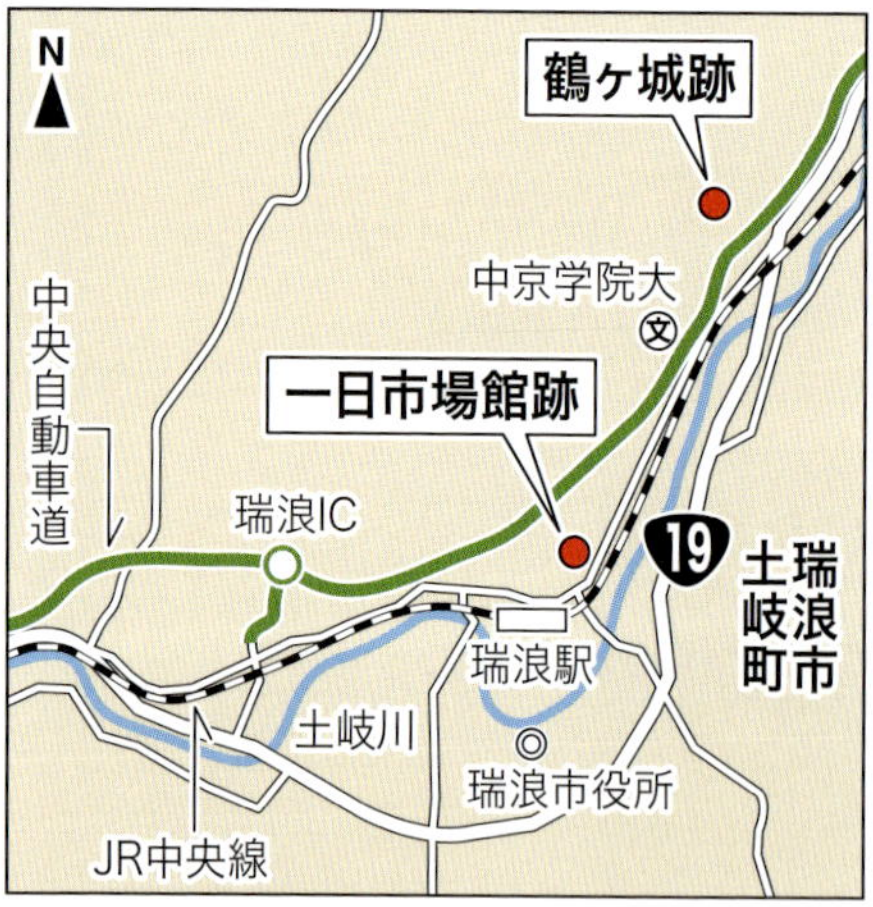

アクセス

・一日市場館跡はＪＲ中央線瑞浪駅から徒歩５分。
・車では中央道瑞浪ＩＣで降り、県道352号線沿いの一日市場交差点北側にある。駐車場はわずか。
・鶴ヶ城跡は瑞浪駅から市コミュニティバス土岐線で鶴城下車、徒歩５分。一日市場館跡からは距離約２km。

※2019年2月取材

史跡巡りマンガ
瑞浪市編
桔梗紋のルーツ
光秀公の御先祖美濃源氏土岐氏発祥の地に来ました
一日市場館跡（現・八幡神社）
館の痕跡は無いのかしら？
ここは土塁が残ってますよ。周辺では鎌倉時代の陶器が見つかってるんです
美濃源氏フォーラムの井澤です
地元の有名人です
某有名タレントも
土岐一族って知ってます？
土岐氏について熱弁をふるう井澤さんの情報が
あらゆる角度に飛んで追いつけない
源国房の流れを汲む土岐光衡がこの地を治めその支流に明智光秀が誕生
本題に戻った
しかし瑞浪は光秀出生地からリタイアしたんです
岐阜県だけで何カ所もありますものね……
井澤さんから聞いた話で印象深かったのは……
土岐光衡が兜に桔梗を刺して戦いに勝利した
それが桔梗紋になったなんてロマンチック
鶴ケ城跡から瑞浪市を一望しロマンに浸る

9
中洞白山神社
岐阜県山県市中洞

親子二代生き延びた伝説

山崎の合戦で羽柴秀吉に敗れ、死んだはずの明智光秀は、生きて故郷に落ち延びていた—。そんな伝説の残る地が、岐阜市の北に隣接する山県市にある。国道256号を北上し、武儀川を渡った先の中洞地区（旧山県郡美山町中洞）。光秀の出生と晩年に関する数々の伝承や伝説が語り継がれてきた。

大正時代に発刊された『稿本美濃誌』（土岐琴川著）には、中洞の豪族の中洞源左衛門の長女が土岐美濃守の子土岐四郎基頼（元頼）に嫁いでおり、大永6（1526）年8月15日に中洞の生家で長男十兵衛を産んだという話が、土地の伝説として収録されている。

さらに同書によれば、山崎の戦い後に死んだのは影武者の荒木山城守で、逃れた光秀は荒深小五郎と改名し中洞に隠れ住んだ。慶長5（1600）年の関ケ原の戦いの際には75歳になっていたが、徳川方の東軍に加勢しようとして出陣し、途中の藪川（根尾川）で溺死した、と記されている。

江戸時代後期の18世紀末に京都町奉行所与力の神沢《かんざわ》杜口《とこう》に

光秀の墓と語り継がれてきた桔梗塚。白山神社脇の林を登ったところにあり、石塔と五輪塔が並んでいる

よって書かれた随筆集『翁草』にも、同様の光秀に関する話が収録されている。『翁草』は全200巻からなり、伝説・異聞・風俗話などを諸書から抜き書きし、著者の見聞をあわせて記録したもの。近世後期の随筆として評価が高い。光秀生存伝説が地元だけでなく、中央にも広まっていたことがうかがえる。

後継めぐり兄弟争う

美濃国守護として繁栄した土岐氏だが、15世紀末、土岐成頼の後継をめぐって兄弟間の争いが起きた。敗れた四男元頼は明応5(1496)年、城田寺城(岐阜市)で自刃したとされる。この史実と前出の『稿本美濃誌』のエピソードには30年の時差がある。その矛盾を埋めるかのように、元頼は実は城を脱出し、中洞に隠れ住んだとの伝説が地元にはあるという。親子二代にわたる生存伝説ということになる。

そして十兵衛が7歳のときに元頼は死没。その遺言により源左衛門は十兵衛を可児の明智城(長山城)に伴い、明知光綱から軍学兵法を学ばせ、土岐家再興を図る。光綱は十兵衛の聡明さを認めて養子として迎え、元服後に日向守光秀を名乗らせたという。光秀は名門土岐宗家の血筋を継いだことになる。

白山神社境内にある「うぶ湯の井戸」

中洞地区にある白山神社は光秀誕生の地とされる。境内には、産湯を汲《く》んだという井戸が残る。神社の堂内には、光秀と母の位牌《いはい》が納められている。鳥居脇の登り口を薄暗い杉林に分け入り、古屋敷跡だという場所を見ながらもう少し進んだところが桔梗塚。光秀の墓だという石塔と五輪塔が建っている。

「天下取り」母が祈る

近くの武儀川の中州には、光秀を身ごもった母が水ごりし「たとえ三日でも天下を取る男

光秀を身ごもった母が「たとえ三日でも天下を取る男子を」と祈ったとされる行徳岩。武儀川の流れの中にある＝山県市岩佐

白山神社のお堂に納められている「惟任将軍光秀」と光秀の母「開山」の位牌

子を」と祈ったという行徳岩がある。

中洞地区には今も荒深の姓が残る。山崎で自分の身代わりとなった荒木山城守の忠誠に深い感銘を受けた光秀は、「荒」と「深」をとって荒深小五郎を名乗ったという。その流れをくむという人々によって、現在も供養祭が営まれている。

県内にいくつもある光秀の出生候補地。その中でも、山崎の戦いで敗れて死んだはずの光秀が生きていたとの伝承があるのは、この中洞地区だけ。荒唐無稽と言ってしまえばそれまでだが、逆賊視される中で語り継がれてきた光秀に関する一連の逸話は、もっと知られていいだろう。

メモ

代々美濃国守護の地位にあった土岐氏が、戦国時代に最後の拠点としたのが、現山県市大桑《おおが》地区の大桑城。中洞地区の西方の古城山にあった山城で、斎藤道三により陥落し、土岐氏は衰退した。土塁や堀切など城郭の遺構が残っている。

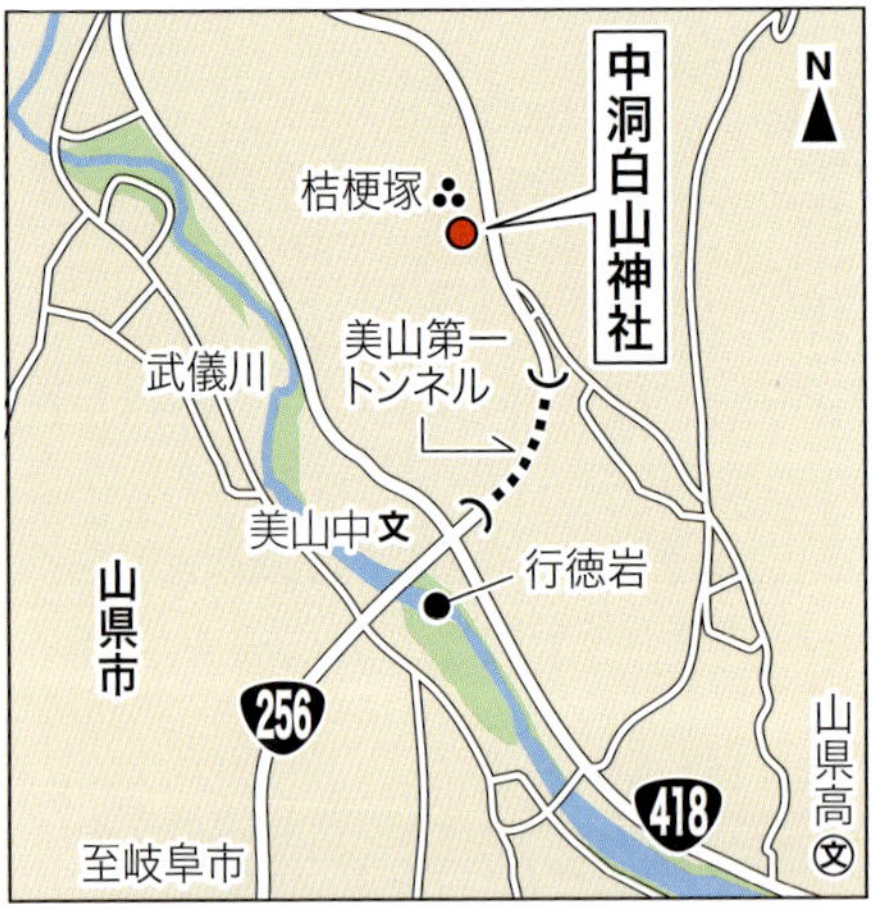

アクセス

・ＪＲ岐阜駅前から岐阜バスほらどキウイプラザ行きまたは山県高校前行きで樫瀬下車、徒歩 10 分。
・車では東海環状自動車道関広見ＩＣで降り国道 418 号で 15 分。または岐阜市内からは国道 256 号を北上し 40 分。駐車スペースはわずか。

※2019年1月取材

史跡巡りマンガ
山県市編
影武者伝説
山崎の合戦で亡くなったのが影武者で
ええっ
この地に生き延びていたなんて！
行徳岩
生誕の地という説も！
この岩の上で母が「三日でも天下を取る男子を！」と祈ったなんて……
うぶ湯の井戸
怪しい……いやミステリアスだわ
えっ今からご子孫に会えるんですか!?
ドキッ
さっきまで畑仕事してまして
意外なほどごく普通のおじさん！
ここを登ったらお墓があります
結構険しいですね！
桔梗塚
光秀公ゆかりの白山神社には学問の願いを叶える絵馬が
今は売ってないんですか？
淋しいですねー
管理する者がいないので
光秀弁当とかプリンとか売りたいんですけどね
町おこしにつながるといいですね
光秀公がこの地でどんな暮らしをしていたのか想像するのも楽しい
畑仕事をする光秀公

10 桂の郷

岐阜県揖斐郡揖斐川町上南方

ロマンスの地、伝説の宝庫

出自や前半生が謎に包まれている光秀だが、出生地とされる岐阜県内にも、世に出る以前の逸話はほとんど伝わっていない。だが県内西部の西濃地方に位置する揖斐郡揖斐川町に、光秀にまつわるいくつかの伝承があった。江戸時代の文書に記載されているが、現在は地元でも語られていない。

　この文書は、戦国時代から江戸初期の美濃について書かれた『美濃国諸旧記』。古くから揖斐川の水運で栄えた旧大和村桂の郷（現揖斐川町上南方）での逸話が収録されている。

　光秀が同地の豪族山岸氏に養子に入った叔父の光信を訪ね、その娘でいとこに当たる千草姫と恋仲になった。二人の間にできた男の子光重は母方の姓で育てられ、その子孫が西美濃にいると記述されている。

　また桂の南の山腹にある巨岩「重ね岩」を怪力の若者が動かし、それを諌めて元に戻させた光秀と主従となったこと。さらに天正年間の内乱で桂の郷の鎮守八幡社も焼失し、後に光秀の霊をまつったとある。

神刀を神社に献上

同所在住の太田好信さんが所

世に出る以前の明智光秀の伝承が残されていた桂の郷。現在は地元特産の揖斐茶の生産が盛んに行われている

有する1932(昭和7)年に作成された桂八幡神社の調査書には、弘治2(1556)年に光秀が山岸氏に寄寓《きぐう》した際、神刀を神社に献上したと記され、刀の絵も付けられている。

同地を支配していた豪族の桂太夫の子孫で神社南側に住む花木敏美さんは、かつて神社は近隣の別の場所にあったが水害や火災で二度移転、現在の神社入り口付近に広い屋敷があったなどと聞いているが、光秀にまつわる話は伝わっていないという。

室町時代から戦国時代初期まで、美濃源氏の流れをくむ土岐氏が美濃国守護として君臨し、現在の揖斐川町も土岐氏の一族、揖斐氏が支配していた。明智氏も土岐氏の支流とされ、父を早くに亡くした光秀が揖斐の叔父のもとを何度か訪れていても不思議ではない。

ただし大正13（1924）年に刊行された『大和村誌』で、編さん者の富田幸一さんは、慶長元（1596）年に揖斐城主となった西尾氏の3代前の西尾光秀と混同したとして、諸旧記の記述を否定している。

光秀の伝承に登場する「重ね岩」。広域農道沿いの斜面にあり、巨岩が二つ重なった形状をしている＝揖斐川町極楽寺

元岐阜市歴史博物館学芸員で戦国史に詳しい土山公仁さんは、『美濃国諸旧記』はあくまで軍記物で戦国時代を語るには良質の一次史料ではないとしながらも、「同書が編さんされた江戸時代中期に、光秀がまつられていたというような話が揖斐で語り継がれていたのは確か。揖斐光親の子孫を光秀が坂本（大津市）で養育したという記述もある。揖斐は光秀伝説の宝庫だ」と話す。

また西尾光秀混同説については、「3代も前で三河在住だった西尾光秀が刀を奉納したというのは不自然。村誌が書かれた当時、光秀は主君を討った逆臣として扱われていたので、村との関わりを否定する心理が働いたのでは」とみる。

千草姫と涙の別れ

桂の郷には、光秀以外にも数々の伝承が残されている。足利尊氏の伯母とされる千代野禅尼がこの地に住み、住民に慕われていた。湧き出る清水を使っていた跡が今も残り、千代河戸《ちよごうど》と呼ばれている。

光秀と千草姫の話に戻る。やがて訪れた別れの日に、光秀が

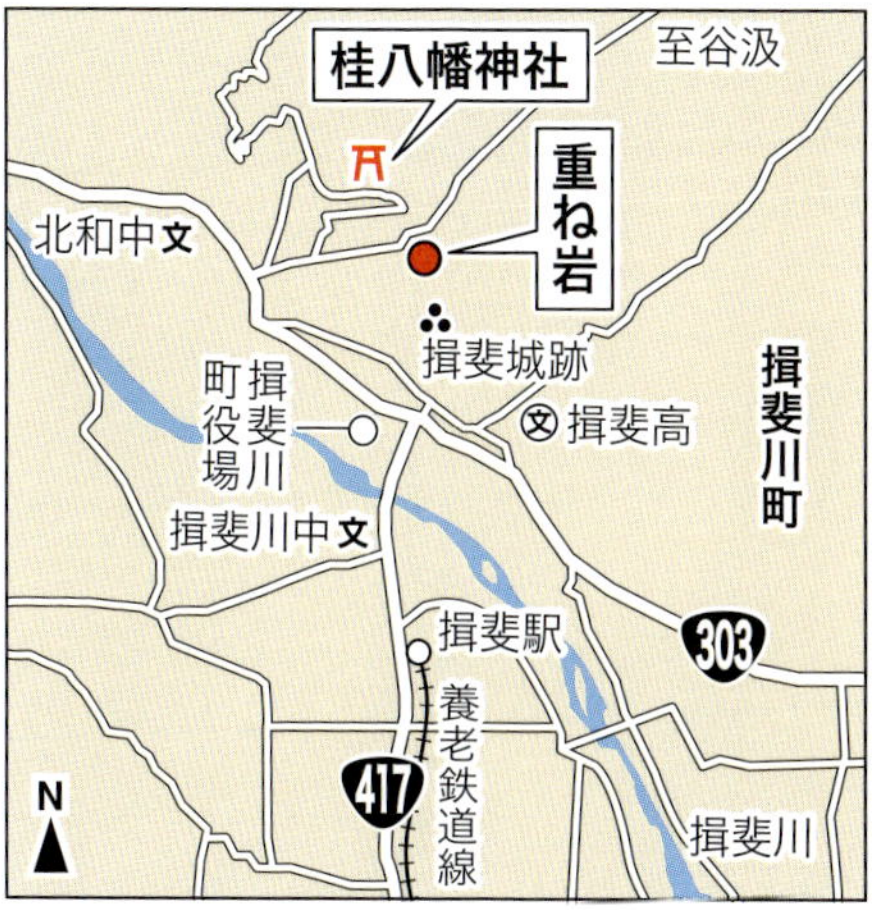

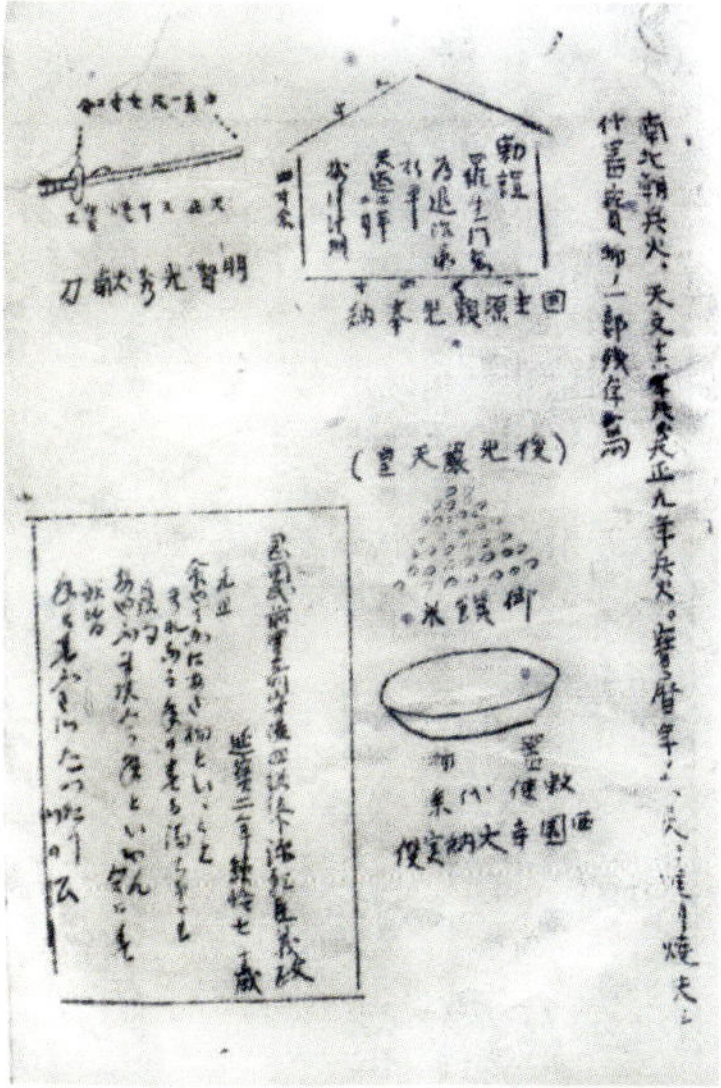

光秀が奉納した刀の絵（左上）。桂八幡神社調査書に付けられている（太田好信さん所有）

「はるばると千代の古跡ふみ分けて　とわでかゆかん山岸の里」と詠み、千草姫は「桂野の千代の川水清ければ　月も流れを尋ねてぞ住む」と涙ながらに返したという。桂の郷は若き光秀のロマンスの地だった。

アクセス

・ＪＲ東海道本線大垣駅で養老鉄道養老線に乗り換え、揖斐駅下車、揖斐川町コミュニティバス揖斐川北部線で揖斐南方または姥坂下車、徒歩 30 分前後。
・車では名神大垣ＩＣで降り国道 258 号、417 号、303 号、西美濃お茶街道経由。揖斐川町歴史民俗資料館に駐車場があるが、重ね岩、桂八幡神社にはない。

メモ

光秀の前半生関連で、たびたび引用されるのが『美濃国諸旧記』。作者不詳だが寛永年間（1624 ～ 1645 年）までの記述があるが、成立はさらに新しいと考えられている。歴史書というより軍記物、説話集の色彩が濃い。諸旧記によれば、明智城は土岐明智次郎長山下野守頼兼が築いたが、光秀の叔父の代の弘治 2（1556）年に斎藤義龍に攻められ落城した。

11

立政寺と岐阜城

岐阜県岐阜市

天下取りへの道 ここから

稲葉山城（岐阜城）を攻め落とし、斎藤氏に代わって美濃の支配者となった織田信長は、永禄11（1568）年7月、越前一乗谷の朝倉義景のもとに身を寄せていた足利義昭を迎える。

信長と義昭の美濃での出会いと上洛は、戦国史上の重要な転回点となった。2人の間を取りもったのは、越前から義昭に同行した細川藤孝と光秀だったとされる。

美濃、越前で謎の多い半生を過ごした光秀だが、はっきりと歴史の表舞台に登場したのは、信長と義昭の対面の場となった立《りゅう》政《しょう》寺《じ》が最初だろう。明智城落城で故郷を去ってからおよそ10年。再び美濃の地に立った光秀の胸中はどのようなものだっただろう。

重要な会談の舞台

立政寺は岐阜市西部の西庄《にしのしょう》にあり、南北朝時代、浄土宗西山派高僧の智通光居（智通上人）が開いたとされる。美濃、尾張、伊勢、近江、信濃における浄土宗の中心寺院として栄えた。後に天下を動かす重要な会談の舞台となるのにふさわしい大寺だった。

足利義昭と織田信長の歴史的会談が行われた立政寺＝岐阜市西荘

境内の一角に建てられた「正法軒跡」の石碑

天下統一を目指す信長と、幕府再興を目指す義昭の思惑は、同床異夢ながら「上洛」で一致。義昭は境内の正法軒で約2カ月間過ごした後、信長と京に上り、信長の後押しで室町幕府15代将

発掘調査が進められている金華山麓の信長居館跡。いちばん奥まった場所に茶室があったとされる＝岐阜市大宮町

軍となった。正法軒は現存しないが、「御座所　正法軒跡」の石碑が建っている。

光秀は越前の朝倉義景のもとには戻らず、義昭と信長の両方に仕える立場となる。２人の将来性にかけたのだろうか。そして時代は、「天下布武」を掲げる信長を中心に動きを速めていく。

古刹だけあって、立政寺には数々の伝承が残る。関ケ原の合戦前、立政寺に滞留した徳川家康に、和尚が柿を献上したところ、家康は「はや大垣（西軍の拠点）が手に入りし」と喜んだ。盆から柿が転げ落ちてひやりとしたが、「大垣（大柿）が落ちましたな」と、機転を利かせて家康を喜ばせたとの別の伝承もあり、その時使ったという盆が現在も立政寺に伝えられている。

光秀も岐阜城に登る？

岐阜の県都岐阜市で、他に光秀の足跡を探してみよう。長良川を眼下に見る標高３２９メートルの金華山山頂に斎藤道三が築城し、後に信長が制したのが岐阜城。この城に光秀が登ったことはあるのだろうか。

その答えは、「可能性はある」。戦国時代の公家・山科言継《ときつぐ》の日記『言継卿記』の元亀２（１５７１）年12月29日の項に、岐阜の信長のもとを訪れていた際、「霜台（信長）から細公（細川藤孝）、明智（光秀）が呼ばれ、茶の湯

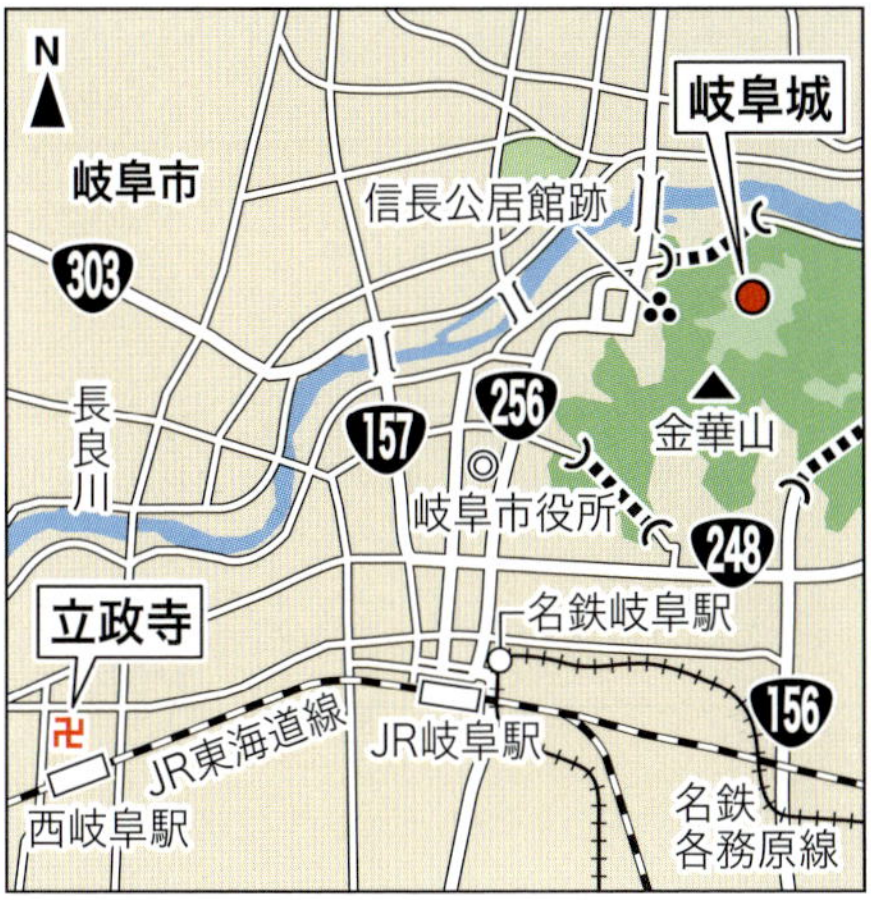

アクセス

・立政寺へはＪＲ東海道本線西岐阜駅下車、北へ徒歩５分。
・車数台分の駐車場あり。
・岐阜城へはＪＲ岐阜駅前、名鉄岐阜駅前から高富行き、おぶさ行きなど岐阜バスで岐阜公園前下車。各登山道で30分～１時間。山頂近くまでロープウエーでも行ける。
・車では山麓に市営駐車場あり。

が催された」との記述がある。

　言継は朝廷や足利将軍の交渉役としても活躍し、信長をはじめ多くの戦国大名と交友があった人物。大永７（１５２７）年から天正４（１５７６）年まで50年にわたって書き続けられた『言継卿記』は、当時の政治状況を知る良質の史料として認められている。

　言継は計3度岐阜を訪れており、このうち永禄12（１５６９）年夏には山上の岐阜城まで招かれている。光秀も茶の湯の際に金華山の麓を訪れていたことから、岐阜城まで登った経験があることは十分考えられる。

　晴れた日、岐阜城からは北に御嶽、東に恵那山、南に伊勢湾、そして西は伊吹山や関ケ原が見渡せる。その彼方には京の都がある。信長とともに天下取りの夢を描くにはふさわしい場所だ。

メモ

　岐阜市は斎藤道三、織田信長の城下町。岐阜城、立政寺のほかにも金華山麓の信長公居館跡、楽市楽座の制札や信長寄進の梵鐘が残る円徳寺、道三が隠居した鷺山城跡、斎藤家菩提寺の常在寺、織田家菩提寺の崇福寺など見どころが多い。岐阜市歴史博物館２階には「麒麟がくる　大河ドラマ館」がオープン。

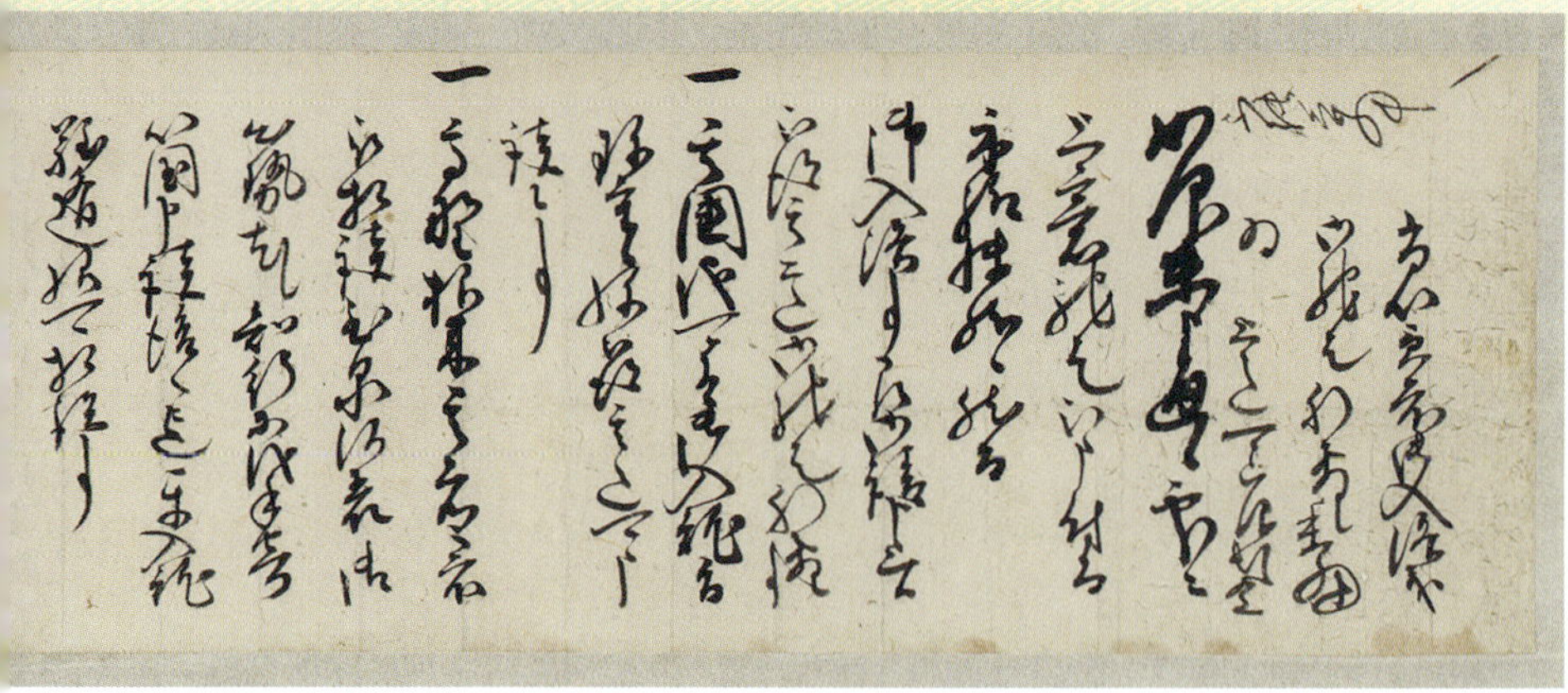

コラム

「光秀最後の書状」の意味は

光秀出生地としていくつかの候補地が名乗りを上げている岐阜県で、美濃加茂市は光秀とほとんど縁がない。だが同市の美濃加茂市民ミュージアムが、光秀の書状4点を寄贈により所蔵している。

　そのうちの「土橋《つちばし》平尉《へいのじょう》宛書状」は、これまで東京大学史料編纂所にある写しが知られていたが、近年になってその原本と確認された。

　内容は写しと同じだが、細かな折り目や包紙跡があることが新たに判明した。筆跡や花押（サイン）から光秀直筆の密書と考えられ、一級史料として注目を集めている。

　書状には天正10（1582）年6月12日の日付がある。12日は本能寺の変から10日後で、山崎の戦いの前日。現存する光秀の書状のうち、最後の1通と考えられる。

　土橋平尉とは、紀伊国北西部の地侍集団・雑賀《さいか》衆のうち、

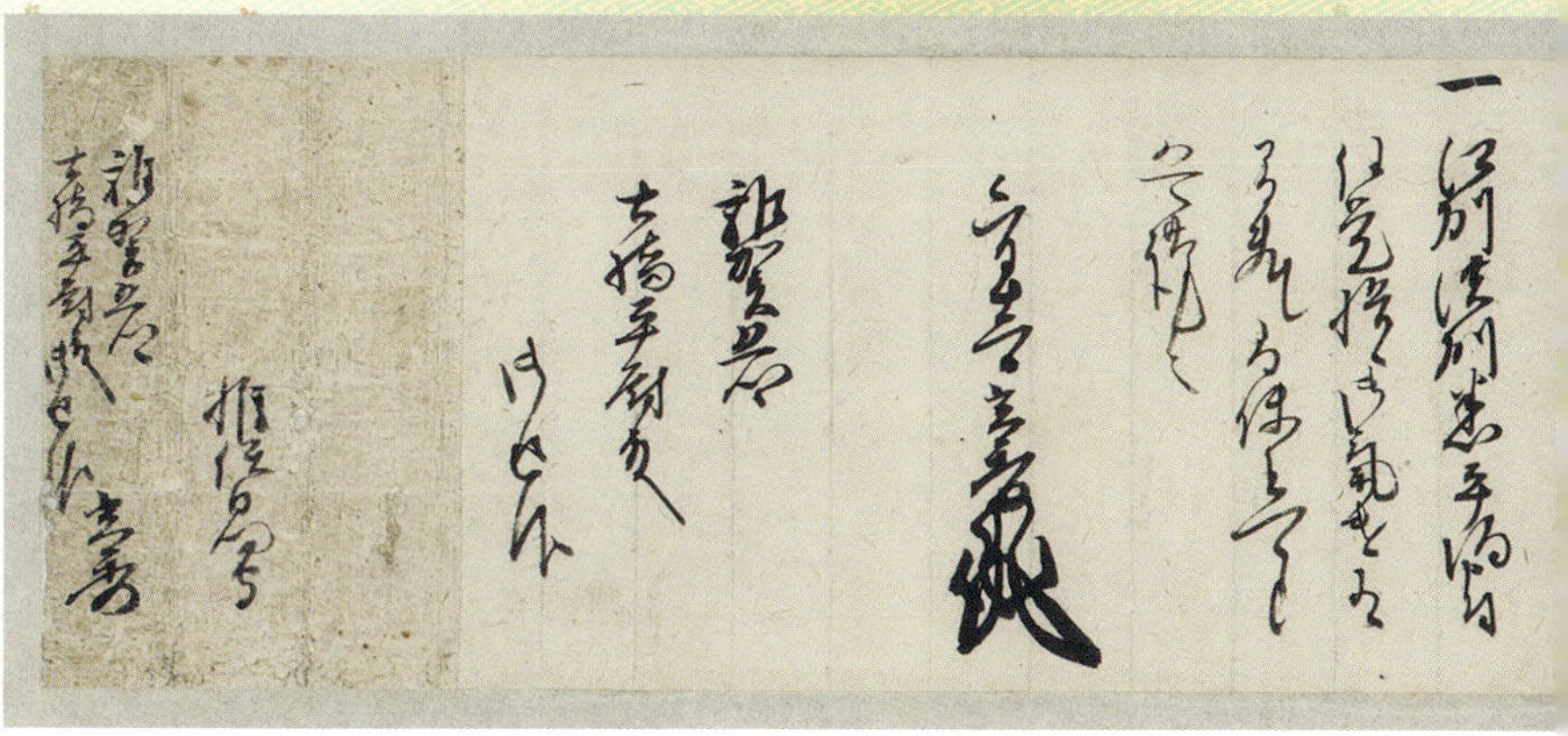

光秀直筆の「土橋平尉宛書状」（美濃加茂市民ミュージアム蔵）

反信長派のリーダー格だった土橋重治のこと。雑賀衆は鉄砲による戦闘能力が高く、傭兵集団として活動。海運や貿易も営んでいた。5つの地域の地侍で構成され、内部は一枚岩ではなかった。信長と本願寺との戦いでは、本願寺側の主力として長く信長軍に対抗した。

　書状は重治から受け取った手紙への返信で、はっきり名前を出していないものの、「上意」との言い方で室町幕府最後の将軍・足利義昭について書いている。

　書状の内容を、美濃加茂市民ミュージアムホームページ記載の現代語訳で見てみよう。

◇

　仰せのように今まで手紙のやりとりがないところでしたが、（雑賀たちが）将軍の味方をするという、（雑賀から）手紙をもらって嬉しく感じます。（将軍の）入洛（京へ入ること）のことを私（光秀）が了解したので、その（私の）気持ちを踏まえて尽力することが大事です。

一　その国（紀州など）については、（あなたたちが）力を尽くしてくれていることはありがたい。よく相談するように。

一　高野や根来、そこ（雑賀）の衆は相談して、（将軍のいる）泉河へ出向き力を尽くすこと。知行などのことは年寄が相談し、これからずっとお互いに心を通わせ、不仲にならないように相談すること。

一　近江や美濃のすべての混乱をおさめ、自分の思うとおりになった。ご心配は不要です。使者がいろいろ申します。

急な御入洛のこと、援助や味方が大事です。詳しいことは将軍がおっしゃいますから、詳しくは述べません。

◇

このように、光秀は義昭に味方するという重治に対して謝意を示し、義昭の上洛を自分が了解したので、その気持ちを踏まえて尽力するようにと求めている。当時、信長によって将軍の座を追われた義昭は、毛利氏に身を寄せていた。光秀としては、主君信長殺しの正当性を示すために、かつて仕えていた義昭を奉じようとしたと考えられる。

この書状が本能寺の変「足利義昭黒幕説」の裏付けとなるとの見方があるが、内容から事前謀議の可能性までは読み取れない。

光秀が書状を出した6月12日ころには、あてにしていた細川藤孝や筒井順慶からの支援が得られないことがはっきりしてきた。あくまで多数派工作の別の一手として、義昭との連携を図ろうとしたと受け取るほうが妥当だろう。

◇

光秀が発給した書状として知られているのは、170点余り。そのうちの4点を所蔵する美濃加茂市民ミュージアム（美濃加茂市蜂屋町上蜂屋）では、常時展示はしていないが、ホームページで画像や読み方、解説を見ることができる。

第2章 越前

12

称念寺

福井県坂井市丸岡町長崎

妻子を住まわせ諸国遍歴

光秀が歴史の表舞台に立ったのは、永禄11（1568）年、足利義昭に同行して美濃・立政寺（岐阜市西荘）を訪れ、織田信長との面会に立ち会ってからだった。異説はあるが享禄元（1528）年生まれとすると、41歳になっていた。それまでの前半生についての史料は極めて少ない。

江戸時代中期の編さんとされる『明智軍記』によれば、弘治2（1556）年、斎藤道三・義龍父子の内紛に絡み、義龍に攻められて明智城は落城。光秀は叔父に諭されて城を脱出した。郡上郡を経て越前の穴馬《あなうま》を通ったと書かれており、油坂峠を越えたことになる。その後諸国を遍歴した後、越前に戻り、朝倉義景に仕えたとする。

一方、『美濃国諸旧記』では、明智城脱出後にいったん西美濃の叔父山岸光信のもとに身を寄せ、妻子を預けて6年間諸国を遍歴して武術の鍛錬をした後、越前の朝倉義景に仕官した。美濃を去り、再び美濃に現れるまでの10年余りの間、越前に滞在したという点は同じで、他の史料からも確実視されている。

黒髪売って酒肴代に

『明智軍記』によれば、朝倉氏の居館がある一乗谷から20キロメートルほどの距離にある称念寺に、母の関係で幼いころから世話になっていた薗阿《えんな》上人がいた。光秀は上人を頼り、妻子を門前に住まわせて、諸国遍歴の旅に出た。

日本各地の有力武将を訪ね歩いた後、永禄5（1562）年、越前に戻った光秀は称念寺の門前

光秀一家は、この称念寺の門前に居住していたという

境内にある松尾芭蕉の句碑。左のものが古い

に寺子屋を開き、娘の玉（後の細川ガラシャ）が生まれた。

日々の暮らしは楽ではなかったが、光秀は自宅に客を招くのを好んだ。朝倉の家臣たちとの連歌会の際、妻が黒髪を売って酒肴代に充てたエピソードは有名。後になってこのことを知った光秀は、「今に天下を取って妻の献身にこたえる」と誓ったという。

「奥の細道」の途中でこの話を知った松尾芭蕉は、「月さびよ明智が妻の咄《はなし》せむ」と詠み、称念寺の本堂横にある句碑に刻まれている。やがて薗阿上人の推挙で朝倉家に仕官することになり、5百貫の知行を得た。そのころ隣国加賀で大規模な一向一揆が発生。武将として出陣した光秀は鉄砲隊を指揮し、敵の動きをよく読んで鎮圧に功績があったとして褒賞を手にした。

翌永禄6年、光秀は義景に呼

ばれ、大勢の家臣の前で鉄砲の腕前を披露。さらに諸国を旅して得た知識を述べよと命じられる。上杉謙信、武田信玄、今川義元、織田信長、毛利隆元をはじめ錚々《そうそう》たる面々からさまざまなことを学んだという。特に堺では砲術を習得し、当時最新の火縄銃も扱うことができた。

　称念寺は時宗の念仏道場で、北国街道に面し、塔頭《たっちゅう》の一つは日本海交易の商社的な役割を担っていた。また時宗は日本各地を布教して歩く宗派。海運関連の人々と行き来する僧たちによって、寺の門前は居ながらにして情報が得られる格好の場所だった。

　光秀の披露した知識には、こうした背景があったと考えられる。それを『明智軍記』の作者が面白おかしく脚色し、全国行脚したという話になったのではないだろうか。

　後に光秀は盟友となる細川藤孝と出会い、上洛を目指す足利義昭と織田信長の間を仲介することになるが、それはまた別の話。

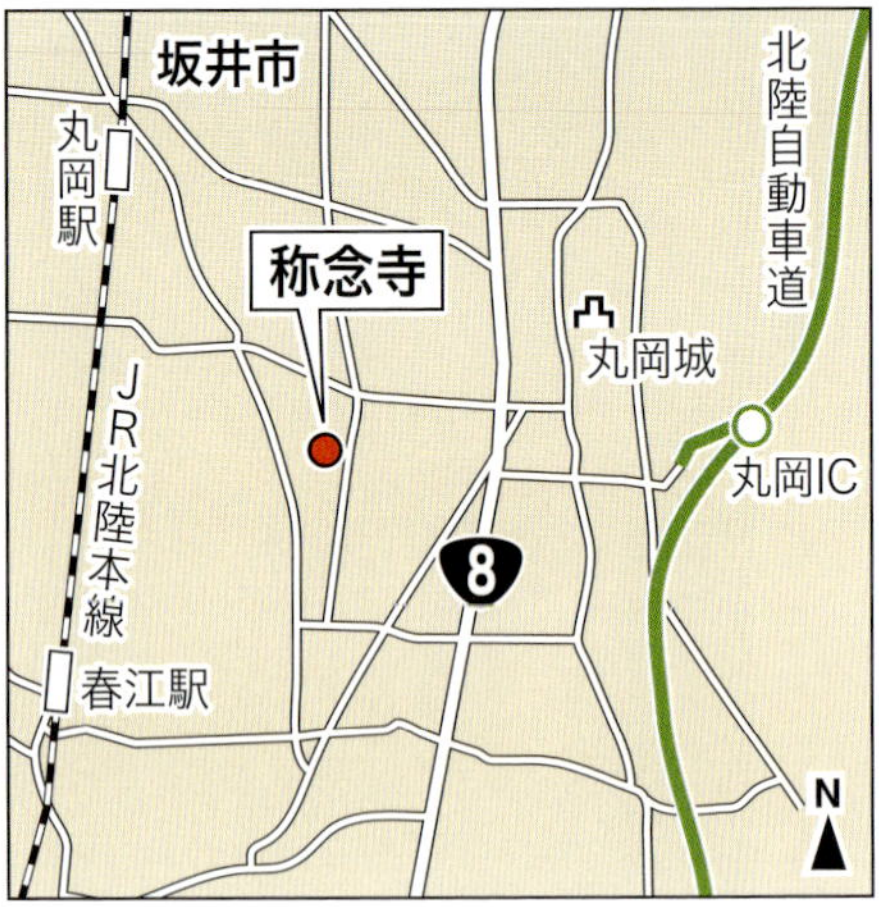

アクセス

・ＪＲ北陸本線丸岡駅前から京福バス本丸岡駅行きで舟寄下車､徒歩約 10 分。
・車では北陸道丸岡ＩＣで降り約５分。

メモ

『明智軍記』は、戦国史研究の権威だった高柳光寿氏によって「誤謬《びゅう》充満の悪書」（『明智光秀』１９５８年）と決め付けられ、いわば札付きとなった軍記物。誤りが多く史料としての信頼性には欠けるが、この書にしかない逸話も多い。光秀を逆賊としてではなく、人間味を感じさせる描き方をしている。

13

明智神社

福井県福井市東大味町

木像を3軒の農家で守る

敷地内には「細川ガラシャゆかりの里」の石碑も建てられている

朝倉義景に召し抱えられた光秀は、称念寺の門前から東大味《ひがしおおみ》に移り住んだ。東大味は一乗谷から京への大手道筋に位置し、光秀の屋敷跡とされる場所に現在は明智神社がある。娘の玉（後の細川ガラシャ）はこの地で生まれたとの説もある。

『明智軍記』には、このころの人間的な挿話がある。永禄8（1565）年、光秀は小さなできものに悩み、休暇を取って加賀の山代温泉に湯治に行った。気が合った称念寺の薗阿《えんな》上人も同行している。

三国の港に立ち寄り、海苔やわかめを採る伴の僧たちに冗談を言ったり、舟で島に渡って眺望を即興の詩文に詠んだりして楽しむ。夜通し連歌に興じ、名所を見物し、ようやく山代温泉に着いた。

10日ほど温泉につかっている

と、できものはほとんど治った。そこへ越前から使者が来て、「京都で足利将軍義輝公が、三好・松永のために殺された」と報告した。世に言う永禄の変である。薗阿上人や宿の主人からどういうことか解説してほしいと頼まれ、足利尊氏までさかのぼって夜が明け始めるまで長い講話をする。

「義輝公は温和で武将には適さない方だと聞いているが、本当に残念なことだ」と涙を流す光秀。薗阿上人らも悲しそうに念仏を唱え、宿を立って一乗谷への帰途に就いた。

「あけっつぁま」まつる

話を明智神社に戻そう。朝倉氏滅亡から2年後の天正3（1575）年、信長は、一向一揆掃討のため越前に再侵攻する。家々を焼き払い、一揆勢を殺りくする戦禍が広がった。

東大味の西蓮寺に対しては、柴田勝家と弟勝定から安堵《あんど》状が出され、「この寺の者らは元の場所に帰って住むこと」「理不尽なことを言う者がいれば厳罰に処す」などと書かれていた。光秀が、親しくしていた住民らを気遣って勝家兄弟に依頼したという。西蓮寺は保護され、住民らは無事に暮らすことができた。

地元住民は光秀に感謝し、光秀屋敷跡に住居のある3軒の農家は、光秀公の木像を代々守り続けた。明治19（1886）年になって屋敷跡の畑に小さな祠《ほこら》を建て、明智神社とした。「あけっつぁま」と親しみを込めて呼ばれている。現在も命日の6月13日に法要を営み、遺徳をしのんでいる。

メモ

祠には地域の人たちの宝である「あけっつぁま」の木像が納められている。高さ13cmほどの小さな黒塗りの坐像で、年に一度、命日に開帳される。祠の向かいの建物は「東大味歴史文化資料館」として、光秀に関するさまざまな資料が集められている。

集落の狭い道を入った畑の横に、明智神社の祠がある

アクセス

・北陸道福井ＩＣから車で 15 分。集落センター斜め前に臨時駐車場あり。

14

一乗谷朝倉氏遺跡

福井県福井市戸ノ内町

眠りからさめた繁栄の跡

九頭竜川の支流・足羽川を遡った一乗谷川沿いの山あいにある一乗谷は、朝倉氏の5代約100年にわたる越前支配の本拠地。居館跡と城下町、背後の山城から成り、最盛期には人口約1万人を超える繁栄を誇った。後に室町幕府15代将軍となる足利義昭が越前に来たのは、永禄10（1567）年11月。5代義景は安養寺に迎えて歓待する。義昭の家臣の中には、後に光秀の盟友となる細川藤孝がいた。

当時、義昭に従う幕臣や大名を記した名簿の中に、足軽の一人として「明智」の名があり、光秀は義昭に仕えるようになっていたと考えられる。

義昭は幕府再興のため義景に再三上洛を促すが、義景はなかなか応じようとしなかった。永禄11年7月、義昭は信長を頼って美濃へと出国する。光秀も朝倉に見切りを付けたのか、故郷である美濃行きに同行し、藤孝

義景館跡の正面の堀に面して建つ唐門。5代義景の菩提を弔うために建てられた松雲院の寺門で、当時の西（正）門があった場所に位置し、江戸時代中期に建てられたと推定されている

とともに義昭と信長の仲介役的な役割を果たすことになる。

その後、歴史は信長を中心に動いてゆく。同年9月、義昭を奉じて上洛を果たした信長は、義昭の命として二度にわたり義景に上洛を促すが、義景は拒否。永禄13年、信長は徳川家康とともに義景を攻める。

一族の裏切りで自害

義景は近江の浅井長政と同盟して信長と戦ったが、曲折を経て天正元（1573）年8月、刀根坂の合戦で大敗。一族の裏切りにあい自害した。一乗谷は押し寄せた信長の軍勢によって焼き払われ、朝倉氏は滅亡した。

その時、光秀はどこでどうし

朝倉氏居館跡の内部。主殿をはじめ建物の礎石群が見事に残っている。完全に埋没していたが、昭和43年の館跡調査で発掘、復元された

ていたのだろう。かつて仕えた義景や旧知の家臣たちと戦ったのだろうか。

すでに元亀元（1570）年ころから、光秀は信長方の武将として動いている。三好三人衆や大坂・本願寺が相次いで蜂起し、比叡山と浅井・朝倉両氏が宇佐山城（大津市）に攻めて来るなど、信長の戦況は厳しさを増していた。

光秀は戦死した森可成《よしなり》（森蘭丸の父）を継いで宇佐山城に入った。翌年9月には比叡山延暦寺焼き討ちに功績を挙げ、近江国滋賀郡（大津市）を任された。坂本城の築城に着手し、元亀3年には本拠地を宇佐山城から移した。

天正元年8月、光秀は浅井・朝倉攻めに参加するため越前に向かっている。朝倉義景が自殺に追い込まれ、一乗谷は戦火に焼かれたが、光秀の具体的な関与は分からない。その後、越前は柴田勝家、長浜を中心とした東近江は羽柴秀吉に任されることになった。

居館や庭園、遺構残る

その後、越前の中心は現在の福井市に移り、400年余りが過ぎた。一乗谷遺跡の発掘が進み、居館や武家屋敷、庭園、寺院、町屋や道路などの遺構が姿を現した。

朝倉氏の滅亡後、一帯は都市としてではなく水田として利用

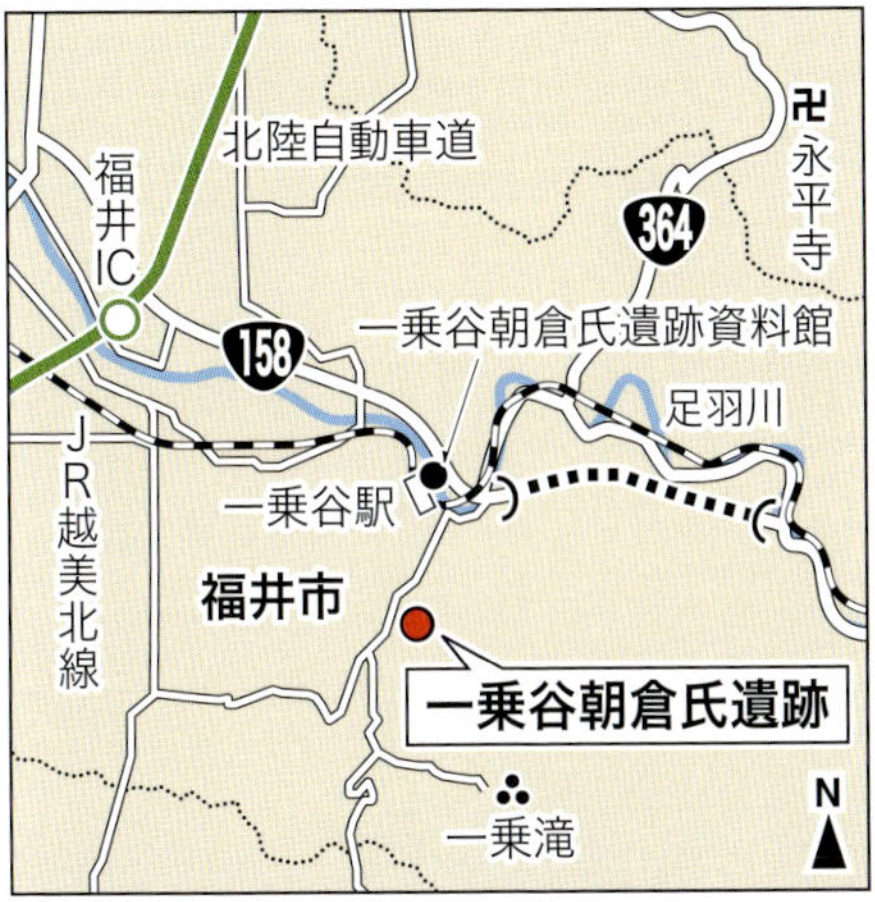

アクセス

・JR越美北線一乗谷駅下車、一乗谷朝倉氏遺跡資料館まで徒歩3分。遺跡までは徒歩20分。または福井駅西口から京福バス一乗谷・東郷線か福井駅東口から朝倉特急バスで朝倉氏遺跡資料館前または復原町並下車。
・車では北陸道福井ICで降り、資料館まで8分。

されたため、遺構がそのままの状態で保存されたと考えられている。長年の発掘調査で、陶磁器をはじめ生活用具、武器・武具なども多数出土し、2300点を超える出土品が重要文化財に指定されている。

義景の墓所の周囲には、古く傷んだ石仏や石塔が並んでいる

メモ

朝倉氏は京の都を手本とし、朝廷絵師の土佐光信に「洛中洛外図」を描かせ、一乗谷に理想都市を再現しようとした。特に4代孝景は戦乱で荒れた都から公家や文化人を迎え、次の義景の代には一大文化圏に成長していた。

15

金ヶ崎城跡

福井県敦賀市金ヶ崎町

信長には未経験の撤退戦

永禄13(1570)年4月、室町幕府15代将軍足利義昭を巡る情勢の曲折を経て、織田信長と越前の朝倉義景は決裂。信長は朝倉領攻撃に踏み切った。光秀も義昭の名代的な立場で参戦している。

京を出発した3万の織田・徳川連合軍は、西近江路を通って敦賀に侵攻。朝倉勢の前線基地だった天筒山城、金ヶ崎城、疋壇《ひきだ》城をたちまち攻め落とした。だが、さらに北上して朝倉氏の本拠地の一乗谷に向かおうとした矢先、事態は暗転する。

信長の妹・市の夫で同盟関係にあった湖北の浅井長政が突如裏切り、朝倉方に付いた。信長は小谷城(滋賀県長浜市)にいた長政と朝倉勢に挟撃される窮地に陥った。

撤退を決めた信長は、金ヶ崎城に羽柴秀吉を残し、わずかの手兵を連れて脱出。丹後街道から若狭街道を経て、保坂(滋賀県高島市)から峠を越えて朽木(同)に入り、京都に逃げ延びた。世に言う「金ヶ崎の退き口《の》」または「金ヶ崎崩れ」である。信長にとって、ほとんど経験したことのない撤退戦となった。

しんがりを務めた羽柴秀吉は、徳川家康とともに味方を無事に退却させることに成功したとされる。後世に秀吉の功績ばかりが強調されているが、光秀もともにしんがりを務めたとの説がある。

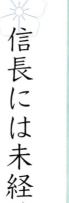

源平合戦がルーツ

朝倉・浅井勢との対立はその後も続く。足利義昭は甲斐(現山梨県)の武田信玄に上洛を促し、

敦賀湾に突き出したように見える金ヶ崎。中央右寄りの三角屋根の建物が「人道の港　敦賀ムゼウム」

山頂近くに建つ金ヶ崎古戦場碑

反信長陣営を形成。本能寺の門徒も加わるなどして信長とせめぎ合った。その勢力バランスは、元亀4（1573）年の信玄の急死によって崩れることになる。

金ヶ崎城のあった金ヶ崎山は敦賀市北東部にあり、敦賀湾を一望できる標高86メートルの小高い山。支城の天筒山城は、金ヶ崎城と尾根伝いにつながっている。標高約171メートルの天筒山に築かれ、こちらのほうが高い位置にある。金ヶ崎の退き口を400年近くさかのぼる12世紀末、治承・寿永の乱（源平合戦）の際、平通盛が木曾義仲との戦いのために城を築いたのが金ヶ崎城の最初とされる。

南北朝時代の延元元（133

6)年には、後醍醐天皇の命を受けた新田義貞が、尊良親王・恒良親王を奉じて金ヶ崎城に入城した。足利勢と戦ったが、半年後ついに落城。尊良親王、新田義顕以下300人が城に火を放ち自害したと伝えられる。

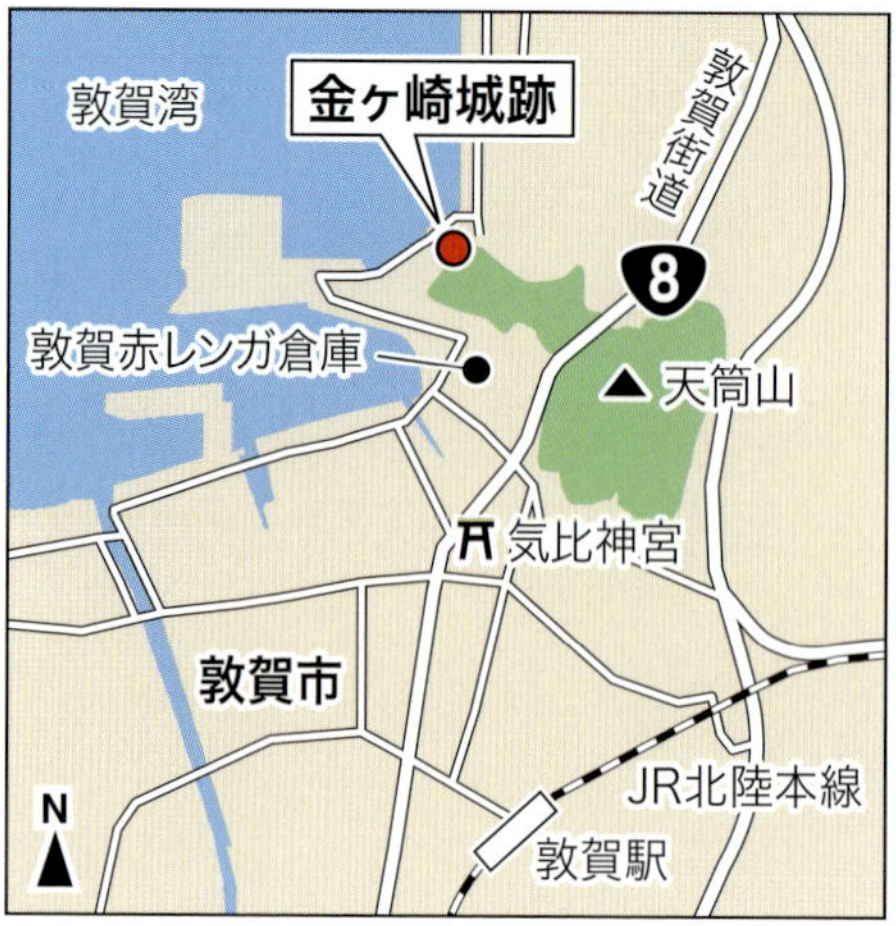

三方を海に囲まれた城跡には三つの木戸跡、曲輪《くるわ》、堀切などが残る。「焼米石出土跡」付近には戦国時代の兵糧庫があり、織田・朝倉の攻防戦の際に倉庫は焼け落ち、焼けた米が後に出土したと伝わる。

麓の金崎宮から時計回りに登ってみる。岬の先端に位置し、南北朝時代の本丸跡とされる月見御殿までは約20分。さらに木戸跡や焼米石出土跡などを経由するルートは、歩道が整備され歩きやすい。

アクセス

・ＪＲ北陸本線敦賀駅から「ぐるっと敦賀周遊バス」で金崎宮下車、またはコミュニティーバスで金崎宮口下車。
・車では北陸道敦賀 IC から国道８号、国道 476 号を経由し約２km で山麓の無料駐車場着。

メモ

金ヶ崎城の麓の敦賀湾岸に「人道の港　敦賀ムゼウム」がある。第二次大戦中、外交官の杉原千畝が発給した「命のビザ」によって救われたユダヤ人難民は、シベリア鉄道を経由して敦賀港に上陸した。ポーランド語で資料館を意味するムゼウムでは、杉原の功績を本人の肉声、難民や敦賀市民の証言などで紹介している。

第3章 近江

高島市
米原市
琵琶湖
田中城跡
大溝城跡
多賀町
安土城跡
十兵衛屋敷跡
近江八幡市
京都府
西教寺
聖衆来迎寺
比叡山
延暦寺
坂本城跡
盛安寺
宇佐山城跡
滋賀県
大津市
明智左馬之助湖水渡碑
N

16

十兵衛屋敷跡

滋賀県多賀町佐目

「近江国出身」文書と口伝

光秀が美濃国（現岐阜県）の出身であることは通説となっているが、これを覆しかねない異説が現れた。近江国（現滋賀県）の美濃国境に近い地域の出身であることを記した江戸時代の文書と、地元の口伝が残っていた。県境をまたいで訪ねてみよう。

文書は貞享年間（１６８４～１６８８年）に成立したとされる地誌『淡海温故録《おうみおんころく》』で、美濃、伊勢（現三重県）に近い犬上郡佐目（滋賀県多賀町）が光秀の出生地だと書かれている。『明智軍記』や『美濃国諸旧記』などが、弘治２（１５５６）年に斎藤義龍に攻められ、光秀は明智城から逃れたとしているのに対して、その60年以上も前の２、３代前にさかのぼって美濃を出ていたとする。

美濃出身の「明智十左衛門」は、美濃国守護の土岐成頼（１４４２～１４９７年）に仕えていたが、背いて浪人した後、近江に来た。六角高頼のもとで美濃国境に近い佐目に居住し、２、３代を経て十兵衛光秀が誕生。光秀は器量が優れており、越前の朝倉氏に仕えるようになったという。

『淡海温故録』だけでなく他の地誌や、それらを引用した『多賀

明智十兵衛の屋敷跡だと伝えられる空き地。地元でつくる「佐目十兵衛会」によって、新たに木製の碑と案内板が立てられた

町史』（1991年）にも記載されているが、ほとんど注目されることはなかった。2018（平成30）年秋、井上優氏（滋賀県教育委員会文化財保護課）によって改めて発表され、地元でも驚きをもって受け止められた。

家臣の子孫「見津」姓

高室山麓に位置する佐目には、現在約80戸200人が住む。佐目の総社は十二相神社で、樹齢500年以上の大杉が4本そびえる。岐阜県海津市南濃町志津の小谷神社の横に分社がある。

十二相神社本殿と鳥居の間の参道横に、「十兵衛屋敷跡」と伝えられてきた場所がある。古くから家などを建てず、今も空き地や畑となっている。隣に居を構える見津《けんつ》新吉さんは、自分の家では「光秀屋敷跡」と言い伝えられてきたという。付近には「カミサン池」という小池があり、光秀にゆかりがあるとされてきた。ふたをした井戸のようになって今も残る。

佐目には「見津」姓が5軒ある。見津さんによれば、光秀の家臣の子孫で、「光」の字をもらったという。本来は「みつ」と読むべきところを、同じ読みでは恐れ多いので「けんつ」と読んでいるとする。

本殿正面横に杉の大木4本がそびえる十二相神社。一番太いものは樹齢600年以上という

この地域と光秀のつながりをうかがわせる点はまだある。『淡海温故録』には、本能寺の変後に多賀の土豪たちが家来でなかったにもかかわらず「古いよしみ」で光秀に味方し、山崎の合戦に参戦したことも書かれている。

さらに、佐目から山道を7キロメートルほど下った多賀大社には、光秀の「禁制」が保管されている。本能寺の変から4日後に出された文書で、大社の保護を約束している。

上石津と交流が盛ん

光秀誕生説のある岐阜県大垣市上石津町多良地区に隣接する時山集落と佐目とは、国は違っても昔から交流が盛んだった。伊勢から時山、五僧峠を越えて佐目、多賀、彦根に至る古い街道があり、普段買い物で往来する距離で、時山からは名産の時山炭を運んだ。かつては多賀大社の信仰者でつくる多賀講が時山にも存在した。住民同士の婚姻もあった。

アクセス

・ＪＲびわ湖線南彦根駅や近江鉄道多賀大社前駅からバス代わりの「愛のりタクシー」（要予約）などを利用。
・車では名神彦根ＩＣ、湖東三山スマートＩＣで降り、国道３０６号などで20分弱。

鈴鹿山脈に連なる山地を挟んで隣接する上石津と多賀。それぞれに光秀出身説が存在するのは、ただの偶然とは考えにくい。欠けたパズルの一片が埋まれば、両地域にまたがるストーリーとして成り立たないか。上石津町多良で新たに確認された山城跡と、多賀町佐目周辺に三つある山城跡。何かが見つからないだろうか。

本能寺の変４日後に光秀が出した「禁制」が現存する多賀大社。非公開だが、多賀に乱暴狼藉はしないなどと約束している＝多賀町多賀

メモ

古事記以前の創建と伝えられる多賀大社には、坊人と呼ばれる下級僧たちがいて、全国にお札を配り多賀信仰を広めた。『明智軍記』などで語られる光秀の諸国巡歴などのエピソード、さらに薬の知識があることなどを考え合わせて、「多賀坊人」とともに活動していたとの推測もある。

17

大溝城跡

滋賀県高島市勝野

光秀が設計、湖畔の水城

大溝城は、琵琶湖畔の近江高島郡(現高島市)にあった平城。高島城の別名がある。兄信長に謀反を起こして殺害された織田信行(信勝)の長男で、光秀の娘を正室とした津田信澄《のぶずみ》の居城だった。天正6(1578)年、信澄が明智光秀の縄張り(設計)によって築城し、居城とした。

信澄は父信行の死後、信長・信行兄弟の生母・土田御前の助命嘆願により許され、柴田勝家のもとで養育された。天正10年、本能寺の変で信長が光秀により殺害されると、明智氏との内通を疑われ、信長の三男信孝と丹羽長秀の軍勢に攻められて大坂城千貫櫓《やぐら》で自害した。信澄の死後、大溝城には丹羽長秀、京極高次らが入れ替わりで入城した。

現在はJR湖西線近江高島駅前の高島市民病院の裏手に、本丸跡の天守台の石垣などが残る。琵琶湖の内湖の乙女ヶ池を巧みに外堀として利用し、そのすぐ先は琵琶湖。この城が坂本城や長浜城と同様に、琵琶湖に浮かぶ水城であったことを感じ

メモ

近江高島駅前の広場には、巨大なガリバーの像が建っている。傍らには小人のお城もある。高島市は平成の大合併前の旧高島町時代にガリバーを町おこしのテーマにしており、ガリバー青少年旅行村などの施設に名前が冠せられている。

本丸跡の天守台石垣が、琵琶湖畔の水城だった名残をとどめている

アクセス

・ＪＲ湖西線近江高島駅から徒歩５分。高島市民病院入口脇に大溝城本丸跡への道標があり、一部他の施設の敷地を通り、道なりにたどれば天守台に至る。
・車では湖西道路志賀ＩＣから国道 161 号を経由。駐車場はなく、近江高島駅前第１駐車場などを利用。

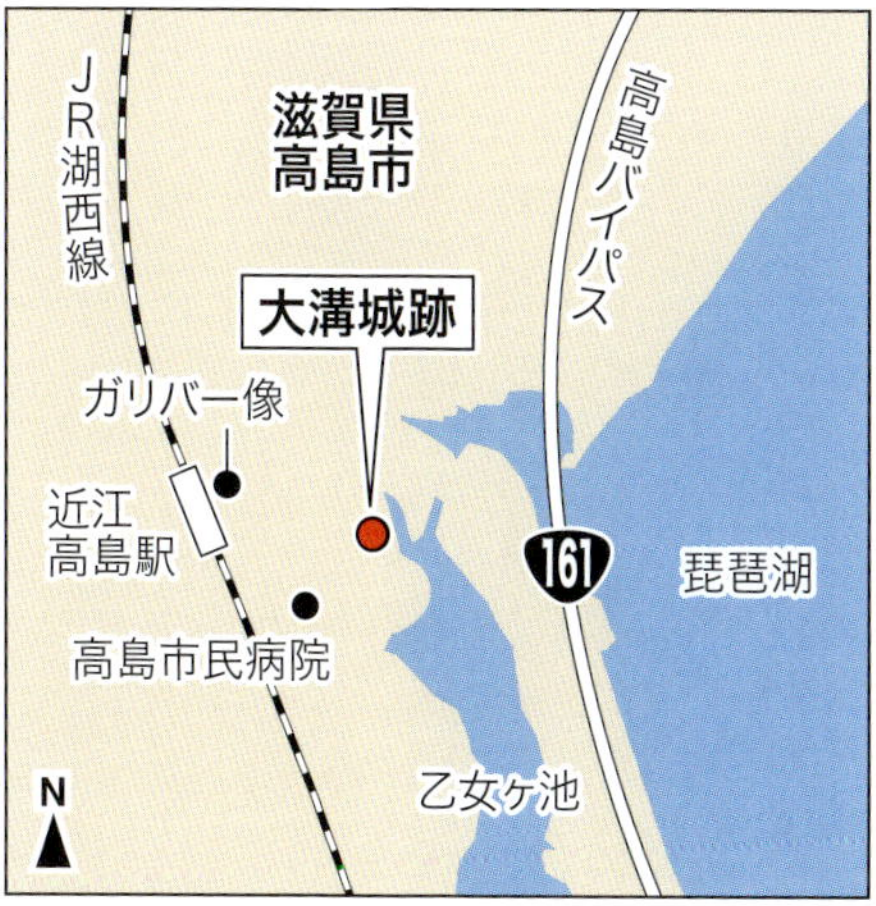

させる。

訪れた6月初旬には、石垣の内外に栴檀《せんだん》の大木が何本も花を咲かせていた。訪れる人影はなく、沼のように残る乙女ヶ池には、亀が何匹も甲羅干ししていた。

18

田中城跡

滋賀県高島市安曇川町

光秀最古の史料？に登場

田中城は近江高島（現高島市）の比叡山に連なる小高い山の山頂に、領主の田中氏によって築かれた山城。越前の朝倉義景攻略を目指す織田信長と、義景に付いた北近江の浅井長政とのせめぎ合いの場となった。

元亀元（1570）年4月、信長の軍勢が越前攻略の途中、田中城に逗留した。その後、浅井長政の勢力下となったが、元亀4＝天正元（1573）年、信長によって攻略され、田中城は明智光秀の支配下に置かれた。

登り口近くのバス停に設置された順路案内板に従って進む。土塁、曲輪《くるわ》、空堀、土橋、堀切などがよく残る。土橋を通って来る敵を迎え撃つため兵が隠れていた「武者隠し」もある。山道の整備は、往時の雰囲気を壊さぬよう最低限に抑えられている。

全体の8割方登ると石段が数十段あり、築城以前からあった松蓋《しょうがい》寺の遺構とされる観音堂

天守跡から南東方向には安曇川町の街並み、遠くに琵琶湖まで一望できる

がある。

山は標高220メートルだが比高は60メートルしかない。もう少し高く感じられるのは、曲輪などの配置の妙によるのかもしれない。

天守跡には背後に見張り台があり、敵に投げつける「つぶて石」がいくつも残っている。南東方向に眺望が開け、安曇《あど》川町内から遥かに琵琶湖対岸まで、パノラマのような景色が楽しめる。見どころの多い山城跡といえる。

不自然との見方も

近年になって、この田中城がにわかに脚光を浴びている。永禄9（1566）年以前に、光秀が湖西一帯で活動していたことを示す文書が、熊本市の旧家で発見された。足利将軍家に仕え、後に肥後細川家家老となる米田《こめだ》家に伝わる医薬書『針薬方《しんやくほう》』で、「米田家文書」と呼ばれる。足利義昭御供衆の米田貞能《さだよし》が、同年10月に近江坂本（大津市）で書写した。

その奥書に『針薬方』の説明として、「明智十兵衛（光秀）が高嶋田中城に籠城していたときに話した医薬の秘伝を将軍家に仕えた沼田勘解由左衛門尉《かげゆさえもんのじょう》がまとめ、さらに米田が書写したとする。光秀は医薬にも通じていたらしい。

事実とすれば、光秀が登場する信用性の高い史料としては最古となる。これまでは永禄10年ころ、足利義昭が越前に移っていた際の家臣団名簿だった。

だが永禄9年の時点で、米田貞能が近江坂本に滞在し、それ以前に光秀が田中城にいることは不自然との見方もある。別の史料による裏付けがない段階では、あくまで可能性があるとしか言えないだろう。

田中城は天台宗高島七ケ寺の一つの松蓋寺を城郭に改修したとされる。寺の遺構を伝える観音堂

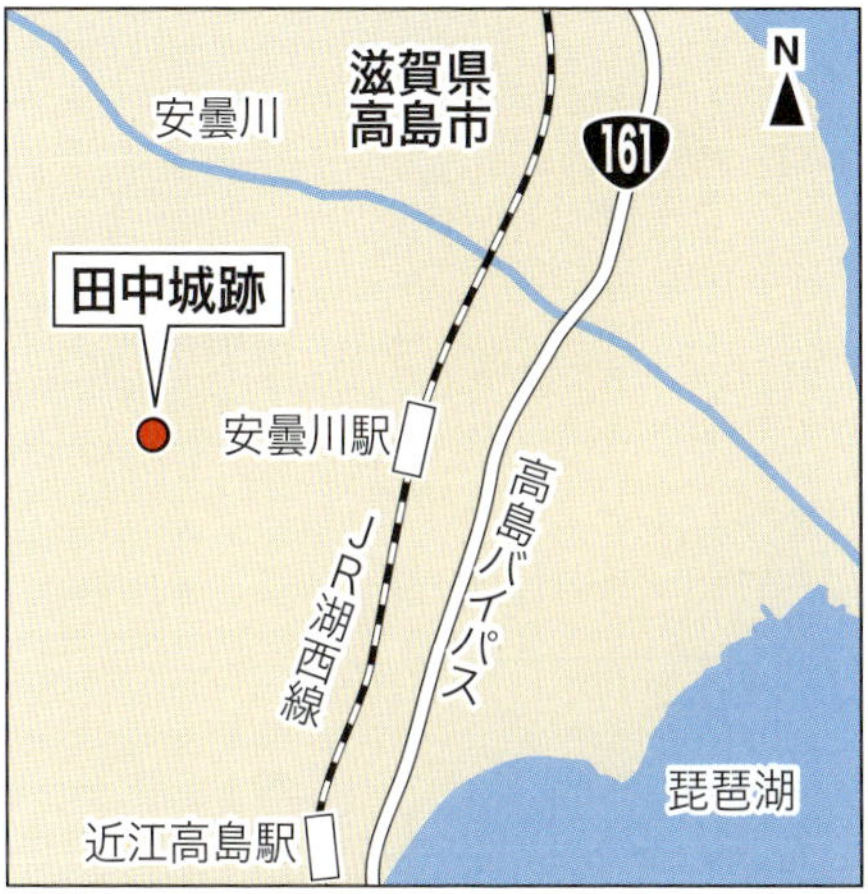

アクセス

・JR湖西線近江高島駅または安曇川駅で下車、高島市コミュニティバス横山・田中線で上寺下車。
・車では同バス停付近に数台分の駐車場あり。

山中にはっきりと残る堀切。土塁や空堀、武者隠しなど外敵を防ぐ仕掛けが多い

メモ

『針薬方』には「セヰソ散　越州朝倉家之薬」の原料や調合方法などが書かれている。越前の朝倉氏に仕官していた際に学んだのだろうか。光秀の知られざる前半生を埋めていくうえで、興味深い史料と言えそうだ。

19

宇佐山城跡と比叡山延暦寺

滋賀県大津市

壮絶な戦いと虐殺の舞台

元亀元（1570）年6月、織田・徳川軍と浅井・朝倉軍は姉川（滋賀県長浜市野村町付近）を挟んで対峙し、壮絶な戦いを繰り広げた。この「姉川の合戦」で勝利を収めた信長は、小谷城（長浜市湖北町）に逃れた浅井長政を深追いせず、南の摂津方面に転じて三好三人衆との戦いに突入する。

その矢先、態勢を立て直した浅井・朝倉軍が素早く動いた。3万の軍勢で琵琶湖西岸を南下し、志賀城とも呼ばれた宇佐山城を攻めた。城を守る森可成《よしなり》らは城を出て奮戦するが討死。浅井・朝倉軍は京近くにまで迫った。

急きょ兵を返した信長は、比叡山延暦寺に中立を保つよう強く要請。全山焼き打ちにすると脅したが、火に油を注ぐ結果となった。延暦寺は反信長の姿勢を鮮明にする。

周辺の土豪を監視

この浅井・朝倉、延暦寺との戦いを「志賀の陣」と呼ぶ。戦況は一進一退でこう着したが、信

滋賀県立琵琶湖博物館の駐車場から、湖水を隔てて遠く比叡の山並みを望む
＝滋賀県草津市下物町

長を救ったのは秋から冬に向かう季節の進展だった。浅井・朝倉軍が雪により帰国の道が閉ざされるのを恐れたこともあって、朝廷・幕府の仲介で和睦が成立。浅井・朝倉軍は撤退し、信長も岐阜城に帰った。

和睦後の宇佐山城には、光秀が城主として置かれた。浅井・朝倉軍や延暦寺を監視し、周辺の土豪たちを懐柔する役割を担ったとされる。

和睦に応じなかった延暦寺に対して信長は翌元亀2年、攻撃に踏み切る。山麓の門前町、坂本の民家などを焼き払い、山上の延暦寺にも火を放った。僧侶だけでなく女性や子どもを含む数千人が虐殺されたという。

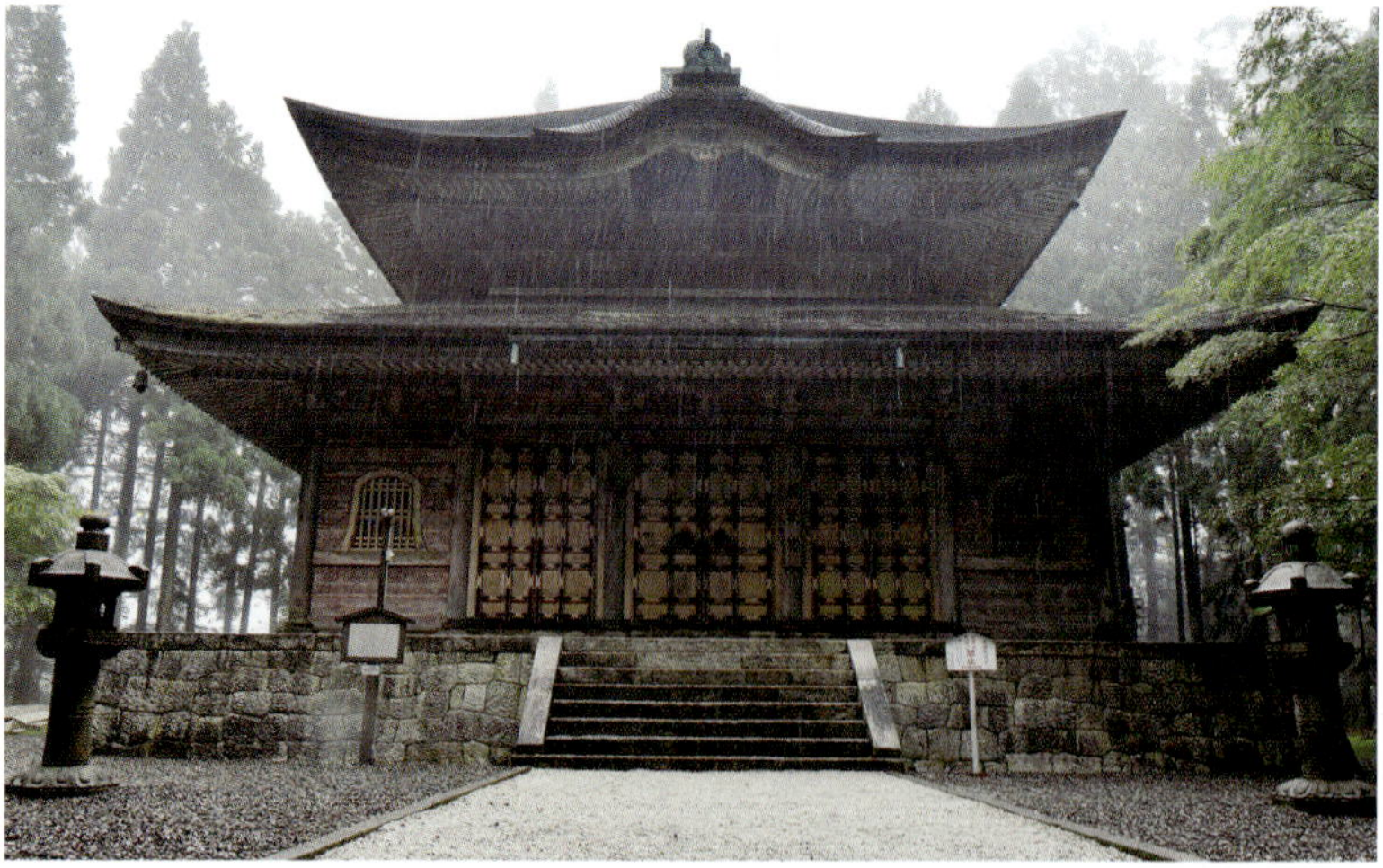

降りしきる雨の中の戒壇院。比叡山延暦寺中で最も重要な堂の一つとされる

焼き討ちに積極的か

光秀は従来、信長の残忍な命令に反対する立場を取ったとされていた。しかし最近の研究では、近隣の土豪に宛てた書状で（延暦寺に協力した勢力を）「なでぎり」にすべきだと書いていることが分かった。むしろこの焼き討ちを積極的に行い、主君の命令を冷徹非情に実行する面があったとの見方が強まった。

この時点では足利義昭、信長の両方に仕えていた光秀だが、交渉事や事務処理に強い文官としてだけではなく、武官として信長に認めてもらおうとのパフォーマンスだったのかもしれない。

宇佐山城は、元亀元年、信長が越前から撤退する際、森可成に築城させた山城。延暦寺からは南へ約10キロメートルの距離で、近江神宮の背後の平らな山容を持つ宇佐山の山頂にある。

南北約170メートル、東西約40メートルの規模。山頂の現在放送局のアンテナが立つ辺りは5メートル四方の櫓門だった。本丸、二の丸、三の丸があり、本丸から大手道が山腹の宇佐八幡宮を経由して湖岸の北国街道まで通じていた。

坂本城の築城とともに廃城になったが、自然石を加工せず積み上げた野面《のづら》積みの石垣が、今も何カ所か残り、往時をしのばせる。

本丸跡の下に野面積みの石垣跡が残る宇佐山城跡

メモ

森可成の家系は美濃守護大名の土岐氏に代々仕えていた。斎藤道三による土岐氏滅亡後、可成は尾張の織田信長に仕官。槍の名手として武名が高く、桶狭間の戦いや美濃攻略など数々の功績を挙げ、美濃金山城を与えられた。後に本能寺で信長と運命を共にする森蘭丸は次男。

アクセス

・宇佐山城跡はＪＲ湖西線大津京駅から徒歩50分。
・車では西大津バイパス近江神宮ランプから5分。山頂へは徒歩25分。

20

坂本城跡

滋賀県大津市坂本

水陸の交通の要衝に築城

元亀2(1571)年、比叡山延暦寺の焼き討ちに積極的に関与したとされる光秀は、その功績により信長から琵琶湖畔の坂本に築城を命じられ、完成後に城主となった。それまで居城としていた宇佐山城からは北東に6キロメートルほどの距離にある。坂本は水陸の交通の要衝であり、その管理や延暦寺の監視の任務に当たった。

坂本城主として志賀郡一帯を治めた光秀は、善政を敷いて人々から敬慕されたという。

湖水を堀として利用

坂本城は湖岸に接し、湖水を堀として利用する水城だった。城内から直接湖に舟を出すことができた。天主が高くそびえ、日本を訪れていたイエズス会宣教師ルイス・フロイスによって安土城に次ぐ豪華華麗な城と絶賛された。

光秀の人となりについて辛らつな書き方をしているフロイスだが、「築城のことに造詣深く、優れた手腕の持ち主」と評価している(フロイス著『日本史』)。

本能寺の変後、丹羽長秀・浅野長政らが城主となったが、後に大津築城に伴い廃城となり、現在、地上部分の遺構はほとんど残っていない。

1994(平成6)年の大渇水時には、湖中の石垣が姿を現した。過去の発掘調査では、湖岸に礎石や石積みなどが確認されている。近くには明智塚と呼ばれる小規模な塚がある。坂本城築城の際、光秀が本家筋の土岐氏から拝領した刀を城の守りとして埋めたなどの伝承がある。

「坂本城址」の碑がある琵琶湖岸の公園。説明板や業績を記した石碑が並び、
明智光秀像が建っている。何をモデルにしたのだろうか

坂本城二の丸と三の丸の間で、中堀付近とされる場所にも「坂本城址」の石碑がある

光秀は後年、丹波の亀山城（京都府亀岡市）や福知山城（福知山市）を築城し、拠点としたが、最後までこの坂本城に家族らを住まわせていた。

包囲され焼け落ちる

天正10（1582）年、山崎の戦いで敗れた光秀は、坂本城を目指して落ち延びる途中、京都・山科で襲撃され命を落とした。その後、娘婿の秀満が坂本城に入ったが、秀吉配下の堀秀政に包囲され、婦女子全員を殺害後に自らも切腹。城も焼け落ちた。

光秀の2人の子についてフロイスは、「非常に上品な子供たちで、ヨーロッパの王子を思わせるほど」だったと記している。

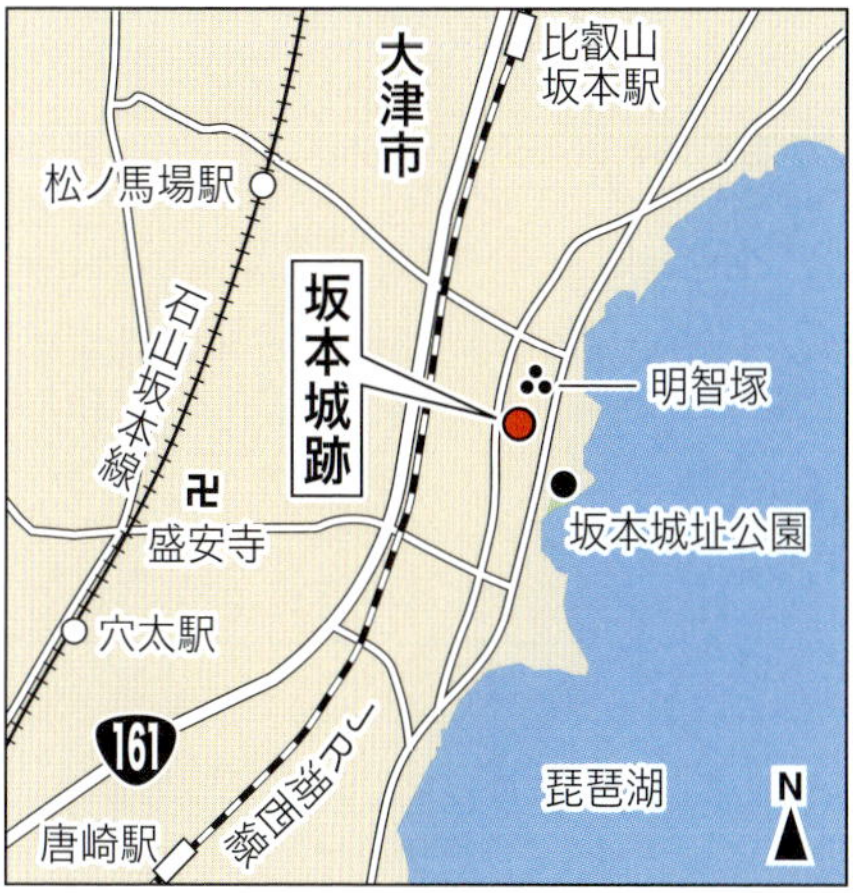

アクセス

・JR湖西線唐崎駅または比叡山坂本駅から徒歩20分。京阪電鉄石山坂本線松ノ馬場駅から徒歩15分。
・車では西大津バイパス滋賀里ランプから5分。

坂本城跡の地図や歴史が分かる案内板

メモ

比叡山延暦寺の門前町として栄えた坂本には50を超える「里坊」がある。山上で修行を積んだ老僧の隠居寺で、風雅な庭園のある里坊も多い。周囲の石垣は大小の自然石を組み合わせた「穴太衆《あのう》積み」と呼ばれ、坂本の南の穴太に住む石工集団「穴太衆」によって築かれたとされる。

21

西教寺

滋賀県大津市坂本

夫妻の一族や諸将も供養

旧坂本城下の山裾にある西教寺は、天台系仏教の一派である天台真盛宗の総本山で、聖徳太子の創建と伝えられる。信長の比叡山焼き討ちの際に全焼したが、坂本城主となった光秀は復興に力を入れた。寄進したとされる梵鐘や、戦死した部下のための供養米寄進状が現存している。

本堂脇には、光秀の供養塔や明智一族の墓石がある。少し離れて妻熙子《ひろこ》の墓や、出自の妻木一族の供養碑もある。さらに近年、熙子が髪を売って光秀を支えた美談を「月さびよ　明智が妻の　咄《はなし》せむ」と詠んだ芭蕉の句碑が建てられた。

現在は全国的な組織である「明智光秀公顕彰会」の事務局が同寺に置かれ、光秀資料室も開設された。光秀の命日にちなみ、6月14日には一族や諸将も含めての法要が営まれている。

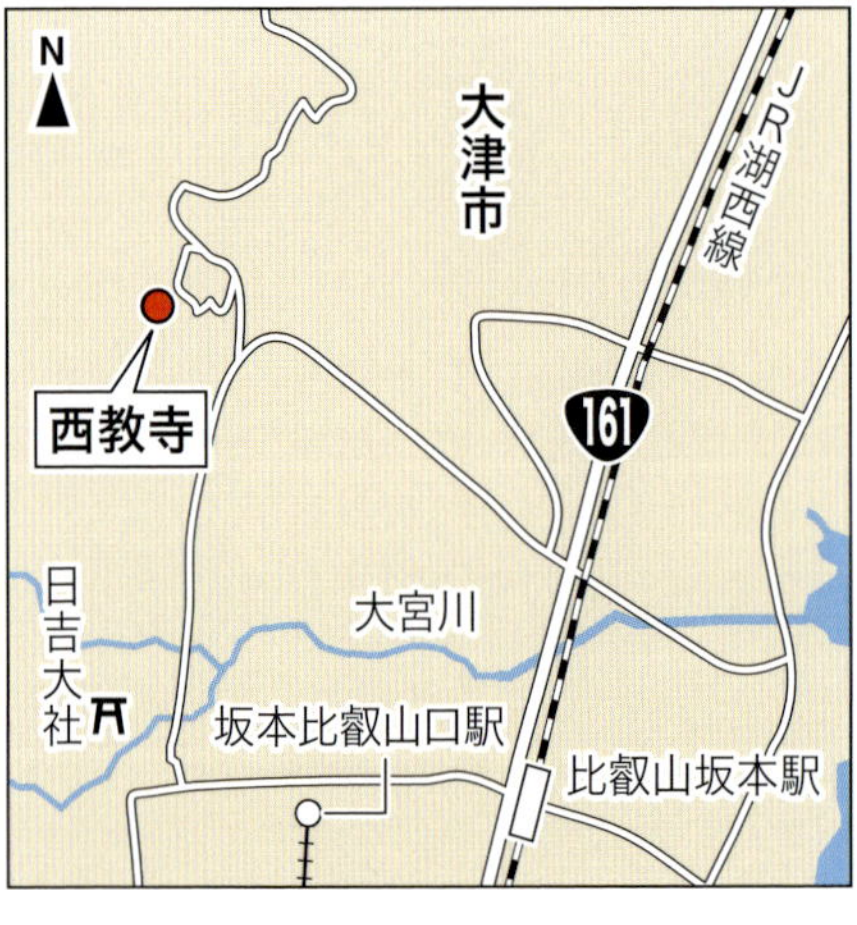

アクセス

・JR湖西線比叡山坂本駅または京阪電鉄石山坂本線坂本比叡山口駅から江若バスで西教寺下車、徒歩すぐ。
・車では湖西道路下阪本ICから10分。

坂本城の城門の一つを移築したと伝えられる西教寺の山門

西教寺境内にある光秀の供養塔や一族の墓

妻熙子の墓として小さな五輪塔がたたずんでいる

22

聖衆来迎寺
盛安寺

滋賀県大津市比叡辻
滋賀県大津市坂本

歴史伝える坂本城下の寺

聖衆来迎寺は伝教大師最澄が開いたとされ、湖岸近くに建つ。宇佐山城攻防戦で戦死した森可成《よしなり》はこの寺に葬られている。境内奥の石塔は、可成の百回忌に建立された。比叡山焼き討ちの際、可成の墓のあるこの寺は信長軍の攻撃を免れたという。

寺には国宝「六道絵」15幅をはじめ文化財が多く、近江の正倉院と呼ばれる。旧坂本城の山門を移して表門としている。

盛安寺は西教寺と同じ天台真盛宗の寺で、比叡山焼き討ちの際に焼失し一時衰退したが、坂本城主となった光秀により再興された。かつては坂本城にあったと伝えられる「明智公陣太鼓」が、2階建ての太鼓楼の天井からつるされている。

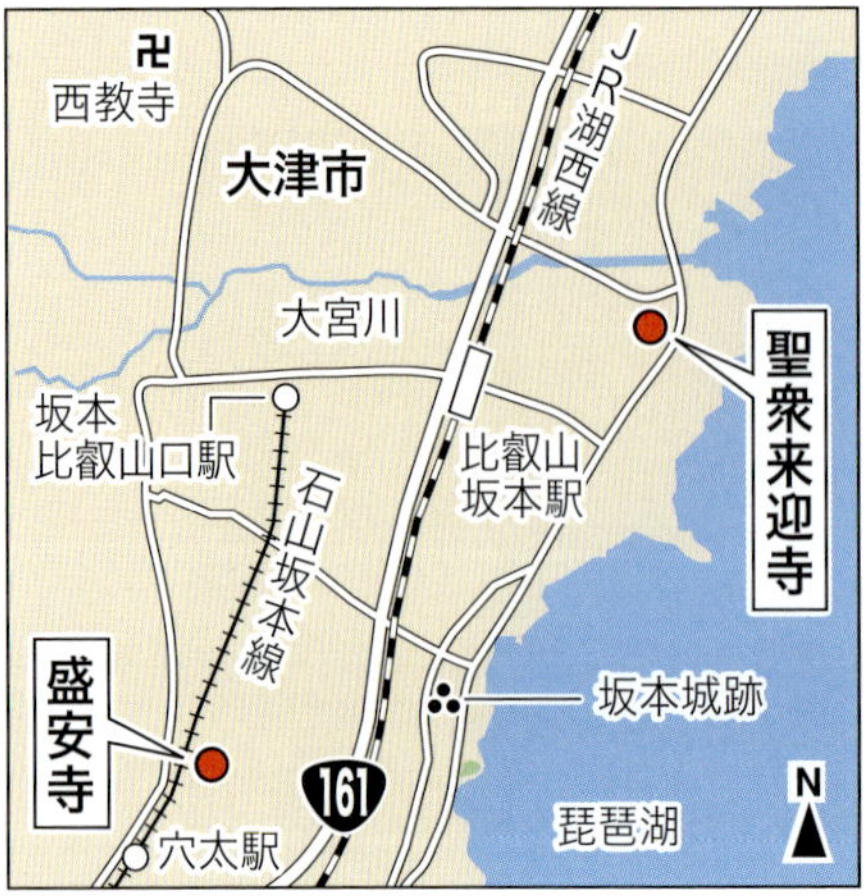

アクセス

・聖衆来迎寺はJR湖西線比叡山坂本駅下車、徒歩15分、京阪電鉄坂本比叡山口駅下車、徒歩20分。
・車では名神大津ICから30分。無料駐車場あり。
・盛安寺は京阪電鉄石坂線穴太駅から北東へ徒歩5分。

聖衆来迎寺の境内にある美濃出身の武将森可成の墓

盛安寺の一角に残されている「明智公陣太鼓」（盛安寺蔵）

23

安土城跡

滋賀県近江八幡市安土町

荘厳な天主、3年後に焼失

「美濃を制する者は天下を制す」。信長の居城岐阜城のあった美濃では、こう言った。所変わればこう変わる。「近江を制する者は天下を制す」と。美濃からさらに西、京の都に隣接し、中央に淡海《おうみ》＝琵琶湖を抱える近江。古来より水陸交通の要衝だった。天下統一への歩みを速める信長はこの地を重視し、天正4（1576）年、安土に新たな居城を築くことを丹羽長秀ら家臣に命じた。

完成までに3年余り。五層七重の天主の高さは約30メートル。その下の天主台石垣を入れると50メートルの、日本の城郭史上例を見ない建造物だった。天下人目前の信長にとって、自らを神の領域にまで高める荘厳さを誇った。わずか3年後に焼失し、地上から姿を消すことになるとは誰が考えただろう。

その原因をつくった光秀と、それまでの安土城の関わりはどうだったか。

五重の天主を進言

『明智軍記』によれば、信長に築城の助言を求められて、各地を見聞して回った例を語り、「この地は一天下を象徴する城にもなるから、五重の天主を命ぜられてはどうか」と進言した。信長は大いに喜び、すぐに丹羽長秀を呼び、他にも光秀の意見を取り入れさせたという。坂本城の築城から4年、光秀には城づくりの才能があったことを強調する話だろう。

さらに安土城と光秀に関する逸話を探してみよう。天正10年、武田氏を滅亡させた後、信長は

山麓の駐車場から見た安土城の石垣

光秀を軍事から解放し、自分の居城に帰って休息するよう命じた。しかし徳川家康が安土に参上したため、その接待役も命じられた。ここまでは『多聞院日記』など良質の史料に出てくる。

『川角《かわすみ》太閤記』などはこれに話を盛っている。用意した生魚が傷んでしまい、その臭いが鼻を突いたことを信長にとがめられ接待役を首になった。面目を失った光秀は、腹立ちまぎれに木具や肴《さかな》の台、用意した肴などを残らず堀へ捨てた。その悪臭が安土中に充満したという。

『明智軍記』も『川角太閤記』も史料的価値は低いとされ、話の信ぴょう性は薄い。特に家康接待役の不手際の話は、本能寺の

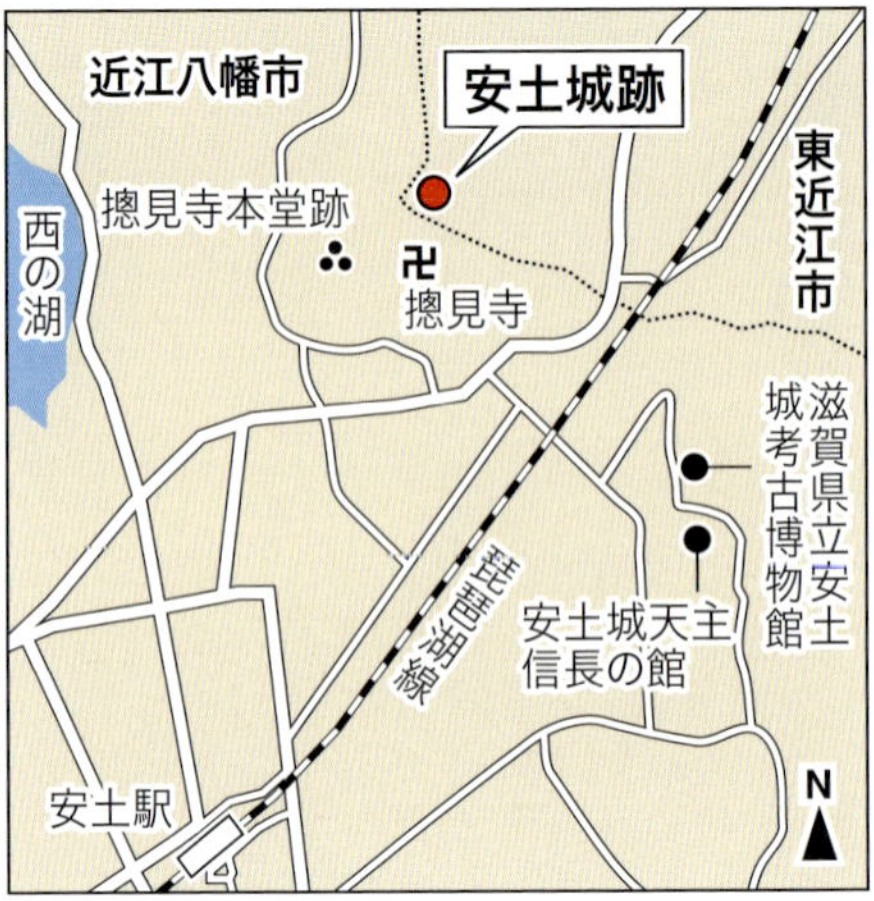

変の原因が光秀の信長に対する怨恨だと説明するための創作だろうか。

　そして天正10年6月2日の本能寺の変の後、わずか3日間ほどだが、光秀は安土城の主となった。同5日に入城し、天主にあった信長の財宝類を部下に分け与えた。8日には娘婿の秀満に城を預け、秀吉との決戦のため河内方面に向かった。

　山崎で敗れた光秀の落命後、城を守っていた秀満は、14日に城を出て坂本城を目指した。翌16日、安土城天主は炎上し焼失した。本能寺の変から13日目のことだった。炎上の原因については、秀満が火を付けて退城した、一揆勢が放火したなどの説もあるが、フロイスは信長の二男信雄が火を放ったと記している。信雄の暗愚のせいで、恐怖心による狼狽が原因だという。

　平成になり、安土城跡の調査、整備が20年掛かりで進められた。直線180メートルの大手道と大手門が復元され、石段や屋敷跡も忠実に再現された。天主の復元を期待する声も多く、滋賀県は検討に着手している。

アクセス

・JR琵琶湖線安土駅下車、徒歩25分。
・車では名神高速竜王ICから20分。山麓に無料駐車場あり。ただし入山料として大人700円が必要。

メモ

建造当時は琵琶湖に面した水城でもあったが、昭和に入って干拓が行われたため、現在は湖岸から少し離れている。天主跡からは伊庭内湖や湖東平野が一望できる。

24

明智左馬之助湖水渡碑

滋賀県大津市打出浜

馬に乗ったまま湖を渡る

斎藤利三とならぶ光秀の重臣明智秀満は、もともと三宅左平次と称していた。光秀の従兄弟ともいわれるが、出自についてはよく分からない。光秀の長女は摂津有岡城主・荒木村重の嫡男村次に嫁いでいたが、村重の謀反後に光秀が引き取り、秀満と再婚させたという。

『明智軍記』などでは、秀満は左馬之助光春として活躍する。丹波の拠点福知山城の城代を務め、信長への謀反については光秀から真っ先に相談を受けたとされる。本能寺の変では先陣を務め、その後安土城を任された。

山崎での光秀敗戦の知らせを受けると、秀吉軍との交戦を避け、馬に乗ったまま打出浜（大津市）から琵琶湖を渡り、対岸にある坂本城に戻ったという。このとき使ったとされる馬の鞍が、坂本の西教寺に保管されている。

左馬之助が湖水渡りの際に使ったとされる馬の鞍（西教寺蔵）

その後、秀吉配下の堀秀政に城を包囲された秀満は、光秀が収集した茶器や刀剣などの名品が落城とともに失われてはいけないと考え、目録を添えて秀政に引き渡した。そして婦女子全員を殺害し、城に火を放った後、自らも切腹した。見事な散り際として語り継がれている。

湖水渡りの話は『川角太閤記』をはじめ講談や歌舞伎、浮世絵でも取り上げられ、人気を博した。今は湖岸なぎさ公園にある琵琶湖文化館とびわ湖ホールの間の歩道沿いに、「明智左馬之助湖水渡」と刻まれた石碑がひっそりと建っている。

琵琶湖岸の歩道沿いに建つ「明智左馬之助湖水渡」の石碑

メモ

近年になって三重県で発見された秀満の書状には、坂本城の築城についての細かな指示が書かれている。早くから光秀の傍らで活躍していたことが分かる。

アクセス

・京阪電鉄島ノ関駅または石場駅から徒歩5分。

第4章 京都の南

兵庫県
宇治市
槇島城跡
有岡城跡
京都府
伊丹市
大阪府
石山本願寺跡
多聞山城跡
大阪市
奈良市
信貴山城跡
天王寺砦跡
奈良県
本徳寺
N
岸和田市

25 槇島城跡

京都府宇治市槇島町大幡

義昭が立てこもった水城

元亀4＝天正元（1573）年、将軍足利義昭と信長が正面から衝突する。義昭は浅井・朝倉両氏や武田信玄ら信長に敵対する勢力と連携して兵を挙げた。

同年4月にいったん和睦したものの、7月になると義昭は京都を逃れて槇島城（京都府宇治市）に入城。反信長の姿勢を鮮明にする。岐阜に帰っていた信長は坂本で光秀と合流し京都へ移動。それまで両方に仕えていた細川藤孝は、最終的に義昭を見限って信長についた。

光秀、藤孝を含む信長軍が槇島城を包囲し、義昭はなすすべなく2日後に降伏。羽柴秀吉の護送で河内（東大阪市）の若江城に移され、足利尊氏から15代続いた室町幕府は実質的に滅亡した。この後、元亀から天正への改元が行われた。

槇島城は、宇治の巨椋池に浮かぶ槇島に築かれた水城。現在は完全に失われ、面影はない。城跡近くの児童公園内に石碑、少し北の槇島公園内にも記念碑が建てられている。

かつての城跡内に建てられた石碑と案内板。住宅地の中にあり、見つけるのは難しい

北側の槇島公園にも記念碑がある。城跡の範囲からは
少し外れているようだ

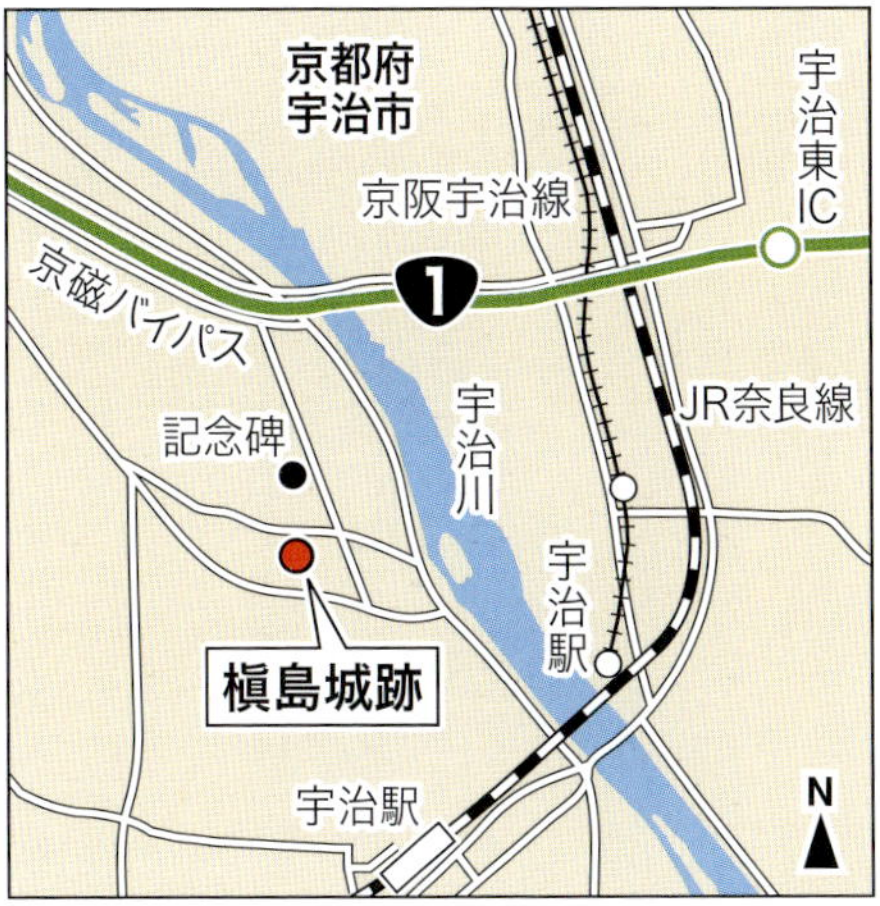

アクセス

・JR奈良線宇治駅から徒歩30分。
・車では京滋バイパス宇治東ICから6分。両公園とも道幅が狭く、駐車場はない。

26 多聞山城跡

奈良県奈良市法蓮町

覇権狙う松永久秀の拠点

永禄3(1560)年ころ、松永久秀が大和国(現奈良県)北部に侵攻し、東大寺の北にある佐保山に多聞《たもん》山城(多聞城とも呼ぶ)を築いた。大和と山城(現京都府南部)の境に位置し、生駒山地の信貴山《しぎさん》城とともに畿内の覇権をうかがう久秀の拠点となった。

久秀は足利義昭に呼応し信長に敵対する姿勢を見せたが、天正元(1573)年12月、信長方に降伏した。信長の提示した条件は、多聞山城の明け渡しだった。久秀は受諾し、城は接収された。光秀は当時、近江・山城の責任者と京都代官を兼務していたが、翌天正2年正月には多聞山城の守りも交代で任された。

城は、標高115メートル、比高30メートルの小高い山上にあった。後世の天守閣に相当する4階の櫓《やぐら》など豪華な建物や庭園があり、信長の安土城にも大きな影響を与えたという。多くの城に見られる多聞櫓は、久秀がこの城に築いた長屋形状の櫓が由来とされる。

天正4年に廃城となり、建物は信長の京都の新しい屋敷(二条御新造)に利用された。現在、城跡は若草中学校の敷地になっている。校門を入り、校舎のある高台に通じる石段の下に城跡の石碑がある。

メモ

城造りの名手とうたわれた光秀だが、松永久秀もまた城郭建設の第一人者とされる存在だった。櫓と城門を一体化させた多聞櫓は、城の防御力を向上させ、当時としては革新的な発想だった。

高台にある若草中学校校舎への石段の下に「多聞城跡」の石碑が建つ

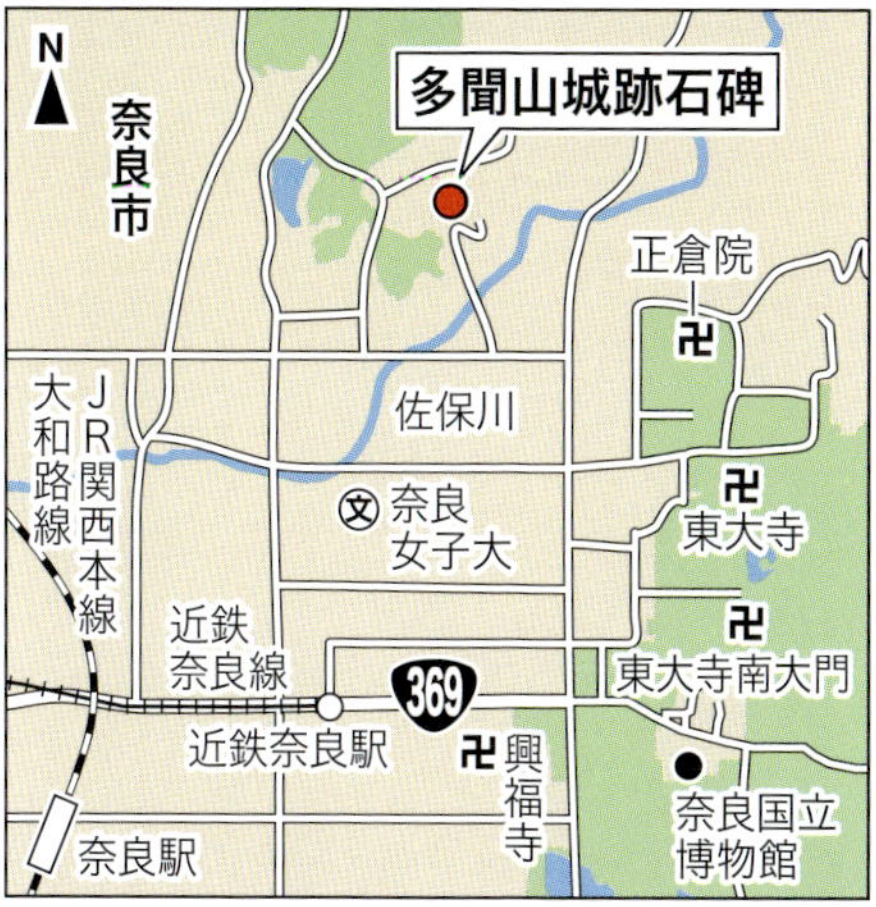

アクセス

・ＪＲ関西本線奈良駅、近鉄奈良線奈良駅から奈良交通バスで鴻池か法蓮仲町下車。徒歩 10 分。
・車では第二阪奈道宝来出口から国道 369 号、西名阪郡山ＩＣから国道 24 号などを経由。駐車場はない。

校門の東側には、城跡から見つかった墓石群が集められ、供養されている

27 石山本願寺跡

大阪市中央区大阪城

信長に抗戦、一揆の総本山

天正4（1576）年は、光秀にとっていい年ではなかった。1月、黒井城攻めの最中に波多野秀治の裏切りに遭い、丹波攻略から一時撤退。一向一揆の総本山である石山本願寺攻めへの参陣を命じられた。

5月、原田直政を総大将とする織田軍は、天王寺砦をめぐる戦いで本願寺勢に敗北。光秀自身も窮地に陥った。信長自身も参加した援軍により辛くも危機を脱した（次項「天王寺砦跡」参照）。

光秀はその後陣中で発病し、妻は吉田兼見に平癒祈願を依頼。信長も見舞いの使者を出し、6月には死亡説が流れるほど病状は深刻だった。回復には7月までかかった。10月には妻が病に倒れて翌月急死してしまった。

石山本願寺は、明応5（1496）年に本願寺8世の法主蓮如が隠居所として建立したのが始まりとされる。現在の大阪城本丸にあったとされるが、異説もある。大坂御坊、石山御堂、石山御坊、大坂本願寺などと呼ばれた。

天文元（1532）年、管領細川晴元の軍勢と日蓮宗徒によって山科本願寺が焼かれてからは、10世証如がこの寺を本願寺とし、浄土真宗の本山となった。また周囲に堀や土塁を築いた寺内町を整備。後の大坂発展の基礎となった。

当時の石山は淀川河口に位置し、水運の重要拠点だった。信長は西国進出の拠点にするため本願寺を他に移すことを要求したが、11世顕如はこれを拒否。各地の門徒を結集し、武田、北条、朝倉、浅井、毛利氏ら諸大名とも手を結んで元亀元(1570)年から11年間にわたり戦いを繰り返した。石山合戦、石山本願寺一揆などと呼ばれている。

天正8年4月、本願寺側が事実上降伏して和睦が成立。顕如は紀伊の鷺森へ移った。寺は退去の際に焼失したが、その後丹羽長秀に預けられ、本能寺の変の際は、光秀の婿織田信澄《のぶずみ》が入城している。

その後、秀吉の居城として大規模に整備された。大坂夏の陣後にも改修が行われたため、寺跡の正確な規模や位置は不明。現在は大阪城公園敷地内の南側に「石山本願寺推定地」の碑がある。

大阪城公園南西部の修道館西側にある「石山本願寺推定地」の石碑

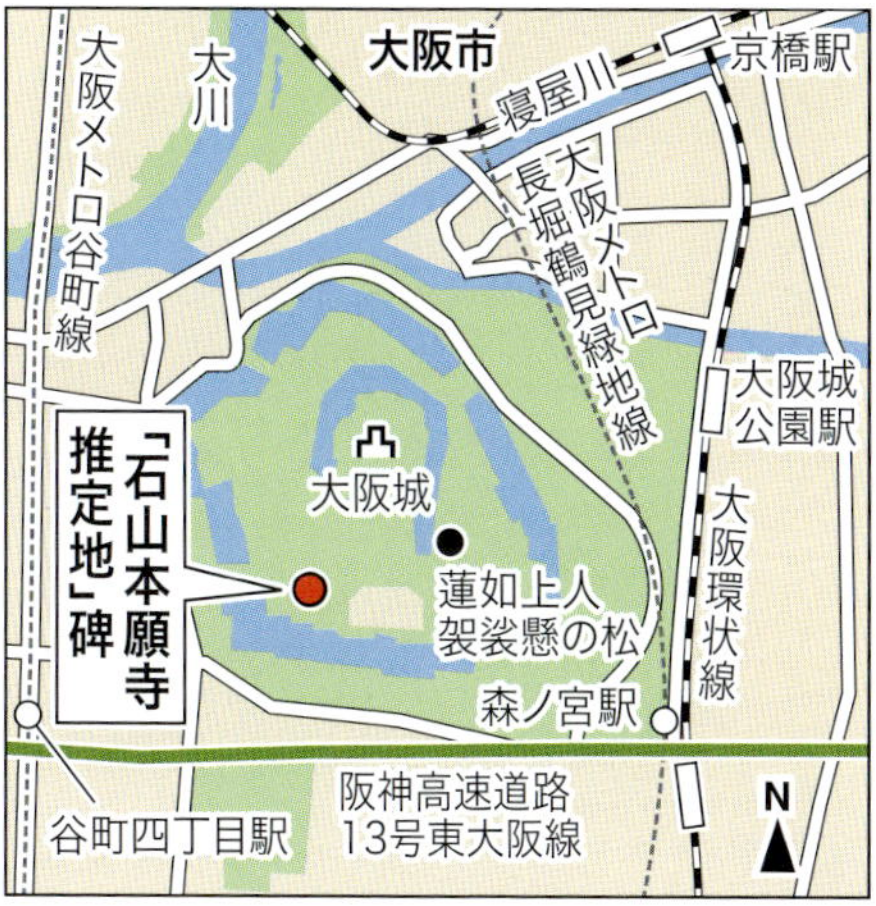

アクセス

・修道館西側の「石山本願寺推定地」の碑へは、地下鉄谷町線、中央線の谷町四丁目駅から大手門を入り太鼓櫓跡を越える。JR大阪環状線と地下鉄中央線・長堀鶴見緑地線の森ノ宮駅からは玉造口を入って桜門を越える。
・車は森ノ宮駐車場のほうが近いが、大阪城公園駅前駐車場もある。

28

天王寺砦跡

大阪市天王寺区生玉寺町月江寺

光秀の危機を信長が救う

足かけ11年にわたる石山本願寺勢と信長軍の戦いの中でも激戦として知られるのが、天正4（1576）年の天王寺砦をめぐる攻防戦。天王寺砦の戦いと呼ばれる。

信長は天正2年に伊勢長島、翌3年に越前の一向一揆を平定。僧や信徒の農民たちを大虐殺した。4年からは、一向一揆の総本山というべき石山本願寺攻めを本格化させた。原田直政を総大将に、光秀ら畿内衆を後《うしろ》詰《づめ》に配置した。

坂本城を出発した光秀は、佐久間信盛の息子信栄とともに天王寺砦に入った。5月3日、織田軍は本願寺側の木津砦への総攻撃を開始。激戦の末、原田直政は戦死。織田軍は総崩れとなった。

勢いに乗る本願寺勢は、天王寺砦を包囲し攻撃。危機に直面した光秀、信栄らは、京都滞在中の信長に援軍を要請した。

5日、信長はわずか100人ほどの手勢を連れて自ら出陣し、拠点の若江城（東大阪市）に入った。光秀方から再び援軍要請が届き、7日、信長はかき集めた3千ほどの軍勢で、砦を包囲する約1万5千の本願寺勢に攻め掛かった。

信長自身も足に鉄砲傷を受ける激戦の末、本願寺勢を切り崩して砦への入城を果たす。そして態勢を立て直し、敵方を石山本願寺へと押し返した。

天王寺砦のあった場所は、後に大坂冬の陣・夏の陣の舞台となった茶臼山説と、北へ1キロメートルほどの月江寺《げっこう》説があり、確定していない。

天王寺砦の候補地の茶臼山。大坂冬の陣では家康の本陣、夏の陣では真田幸村最後の出撃地になった

天王寺砦の戦い後、光秀は陣中で発病。７月には回復したが、10月に今度は光秀の妻が病に倒れて急死した。

翌５年、光秀は雑賀衆攻めのため８月まで南河内に出陣。10月には反乱を起こした松永久秀と信貴山城で合戦し落城させた。月末には丹波に入り攻略を再開。さらに連戦の日々が続く。

茶臼山から１km ほど北にある月江寺。天王寺砦跡としてはこちらが知られている

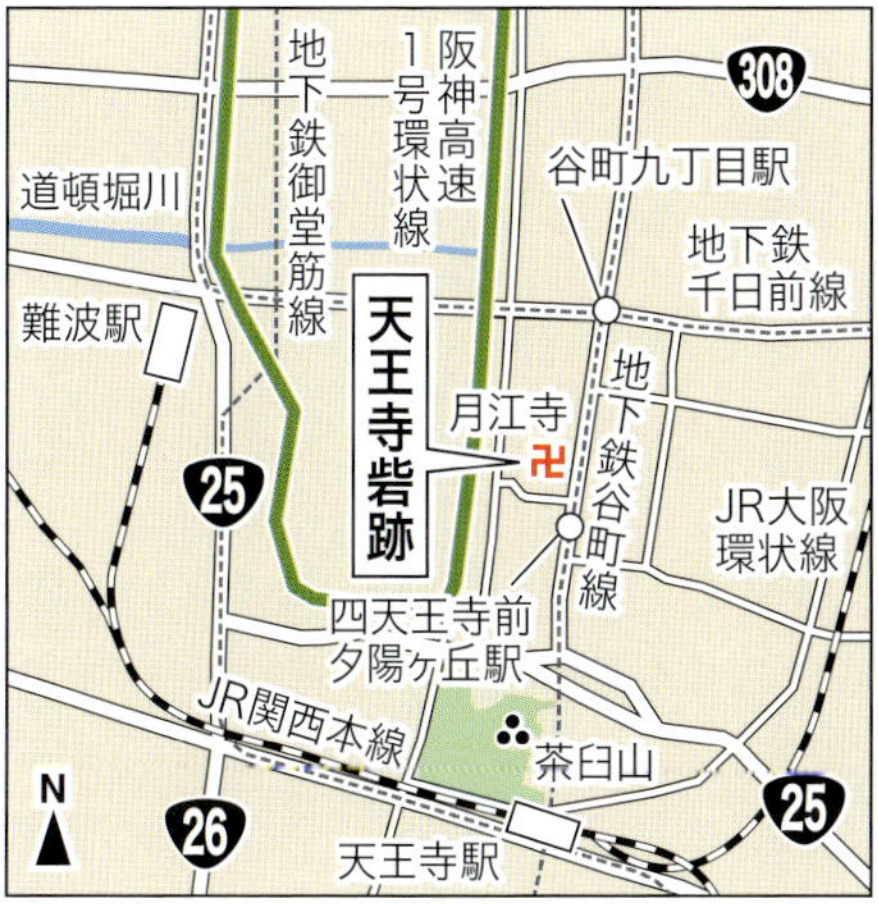

アクセス

・茶臼山へはＪＲ、地下鉄御堂筋線・谷町線の天王寺駅から徒歩15分。月江寺は谷町線四天王寺前夕陽ヶ丘駅から徒歩５分。

29

信貴山城跡

奈良県生駒郡平群町

光秀の活躍で攻め落とす

天正5(1577)年、大和の松永久秀が再び信長に背いた。大坂の石山本願寺攻めで詰めていた天王寺砦を引き払い、息子の久通とともに信貴山《しざん》城に立てこもった。城は河内、大和の境に延びる生駒山地の信貴山雄嶽を中心とする広大な山域に築かれ、北側に延びる尾根に久秀の居館があったと推測されている。

松永久秀は戦国の三大梟雄《きょうゆう》の一人とされ、今風に言えばダークヒーローだった。家老として仕えた三好長慶の死後、13代将軍足利義輝の殺害を主導したと言われ、三好三人衆と実権を争い東大寺大仏殿を焼いた。信長上洛後は傘下に入り、大和の支配を任された。

50日間に及ぶ籠城

足利義昭が信長討伐を呼び掛けると、一転して信長包囲網に加わり、摂津や河内に勢力を拡大した。結局は義昭を追放した信長に抑えられて再び従属。その後、宿敵の筒井順慶が守護に任命されたことが、信長への二度目の謀反につながったと考えられる。

信貴山山頂部に建つ「信貴山城址」の石碑

丹波平定戦を継続中の光秀も大和へ向かい参戦。信長軍は松永方の片岡城を攻め、激戦の末に落とした。信貴山城は50日間の籠城戦の末に落城。久秀、久通父子は自害した。対松永戦では光秀と細川藤孝の嫡男忠興らの

メモ

約1400年前、聖徳太子がこの山で祈願すると、毘沙門天王が現れ秘法を授かった。くしくも寅年寅の日寅の刻だった。太子は、自ら天王の尊像を彫刻して伽藍を創建し、信ずべき貴き山として「信貴山」と命名した。以来、寅に縁のある神として信仰されている。南側山腹に真言宗朝護孫子寺が建ち、多くの参拝客が訪れる。

巨大な張り子の「世界一大福寅」。左奥は毘沙門天王をまつる本堂

アクセス

・近鉄信貴線信貴山口駅から西信貴ケーブル高安山駅下車、近鉄バスで信貴山門降車。またはＪＲ関西本線（大和路線）か近鉄王子、新王寺、信貴山下駅下車、奈良交通バスで信貴大橋降車。朝護孫子寺まで徒歩５分。
・車では西名阪道法隆寺か香芝ＩＣ、第二阪奈道壱分か小瀬ＩＣより各約30分で朝護孫子寺駐車場。山頂まで徒歩30分。

活躍が目覚ましかったと評価されている（『信長公記』）。
松永父子は茶釜に火薬を詰めて自爆死したとの伝説があり、城の四層とされる天守櫓も炎上したとされる。その後廃城となり、山頂に城跡碑が建っている。

30

本徳寺

大阪府岸和田市五軒屋町

唯一の光秀肖像画を所有

南国梵珪《ぼんき》が開基したと伝えられる臨済宗妙心寺派の寺院。現存する唯一の光秀肖像画とされる絵画を所有している。

貝塚市鳥羽にあった海雲寺が、江戸時代前期に岸和田藩主岡部行隆の命で現在の場所に移され、寺号も本徳寺と改められた。

梵珪は光秀の子で、父の肖像画を描かせたと伝えられる。肖像画は普段は公開されていない。

石畳の道路に面した本徳寺の門。近くにはNHKテレビ小説「カーネーション」のロケ地がある

アクセス

・南海本線岸和田駅から徒歩8分。
・付近は寺町で道が狭く、駐車場はない。

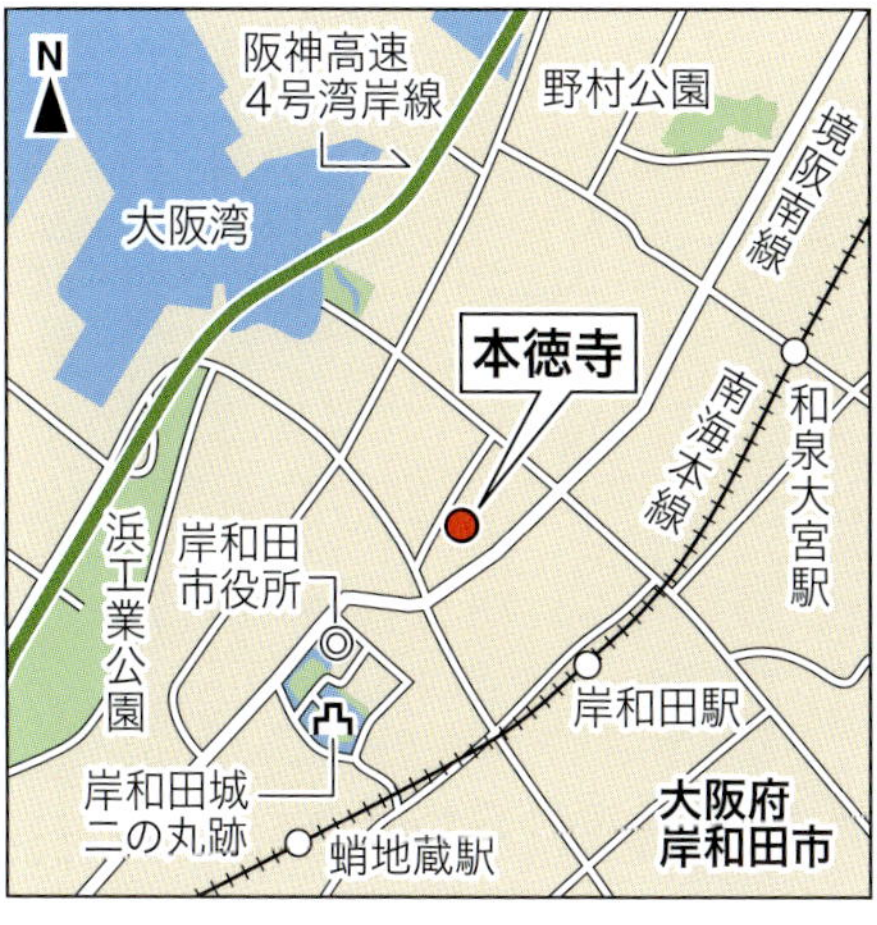

31

有岡城跡

兵庫県伊丹市伊丹

籠城した荒木一族の悲劇

裏切り、謀反は戦国の世の常だが、荒木村重は信長に大きな衝撃を与えた武将の一人だろう。天正6（1578）年、摂津国を任され大坂本願寺勢と対峙していた村重が、信長に背いた。本願寺と和睦し、西国の毛利氏とも通じる動きを見せた。

光秀、細川藤孝とともに畿内衆として村重に信頼を置いていた信長は驚き、光秀に真意を調べさせた。光秀の娘が村重の嫡男村次に嫁いでおり、信長は説得役として期待していたと考えられる。だが村重は応じず、居城の有岡城を動かなかった。

有岡（在岡）城は南北朝時代、伊丹氏の居城として築かれ、当時は伊丹城と呼ばれた。天正2年に村重が攻め落とし、その功績で信長から摂津を与えられた。村重は伊丹を有岡と改称し、本拠地とした。城下町を堀と土塁で囲む総構《そうがまえ》の城に大改修した。

村重が信長に背いた理由は、諸説あるが確定していない。天正5年、秀吉が毛利攻めの司令官に任じられ、村重はその指揮下に入れられた。面目を潰された格好の村重は、その毛利氏に身を寄せていた足利義昭と内通。翌6年秋までには毛利方、本願寺とともに反信長陣営を形成するようになった。

丹波攻略と二重の戦線

当時、光秀は丹波で波多野氏の八上城攻めの最中だった。秀吉は播磨で三木城（三木市）を攻めていた。村重が敵方に回れば、信長の畿内制圧が危うくなりかねなかった。

有岡城主郭部には当時の石垣が残る

メモ

尼崎城に移った村重は、さらに村次と共に花隈城（神戸市）に移る。池田恒興らに攻められ天正８年に落城すると毛利氏に亡命し、尾道に隠遁《いんとん》した。同 10 年、信長が本能寺の変で討たれると堺に戻り、道薫《どうくん》と名乗り茶人として復活。千利休とも親交があった。同 14 年、堺で死去。52 歳だった。

光秀は丹波から摂津に転戦。荒木方の茨木城（茨木市）攻略の兵を配備し、丹波攻略と二重の戦線を抱えることになった。信長は有岡城周辺に軍勢を進め、12月には外城を攻めたが、多数の死傷者を出し敗退。包囲網を敷く持久戦に転じた。

同じころ、丹波・八上城の波多野氏攻めは重大局面を迎えていた。光秀は丹波に向かい、村重攻撃の戦線を離脱した。

その後も信長軍の有岡城包囲は続き、荒木方は追い詰められていく。天正7年9月、10カ月の籠城の末、村重はわずかな側近とともに城を脱出。村次のいる尼崎城に入った。逃亡したのではなく、有岡城以上に危機に

土塁と堀跡。一帯に防御施設を備え、信長勢の攻撃にもなかなか落ちなかった

瀬していた尼崎城で戦線維持を図ったとの説もある。

ほどなく総攻撃が開始され、村重不在の有岡城は陥落した。残されていた荒木一族や重臣らは投降したが、妻子らを含む670人ほどが、農家に閉じ込められ火を放たれるなど、凄惨な最期を遂げた。

城は天正11年に廃城となり、明治に入って鉄道敷設のため東側部分が崩された。1975(昭和50)年、伊丹駅前整備事業にともなって主郭部の発掘調査が行われた。本丸跡の石垣や建物跡、庭園遺構などがよく残っていることが分かり、現在は史跡公園として整備されている。

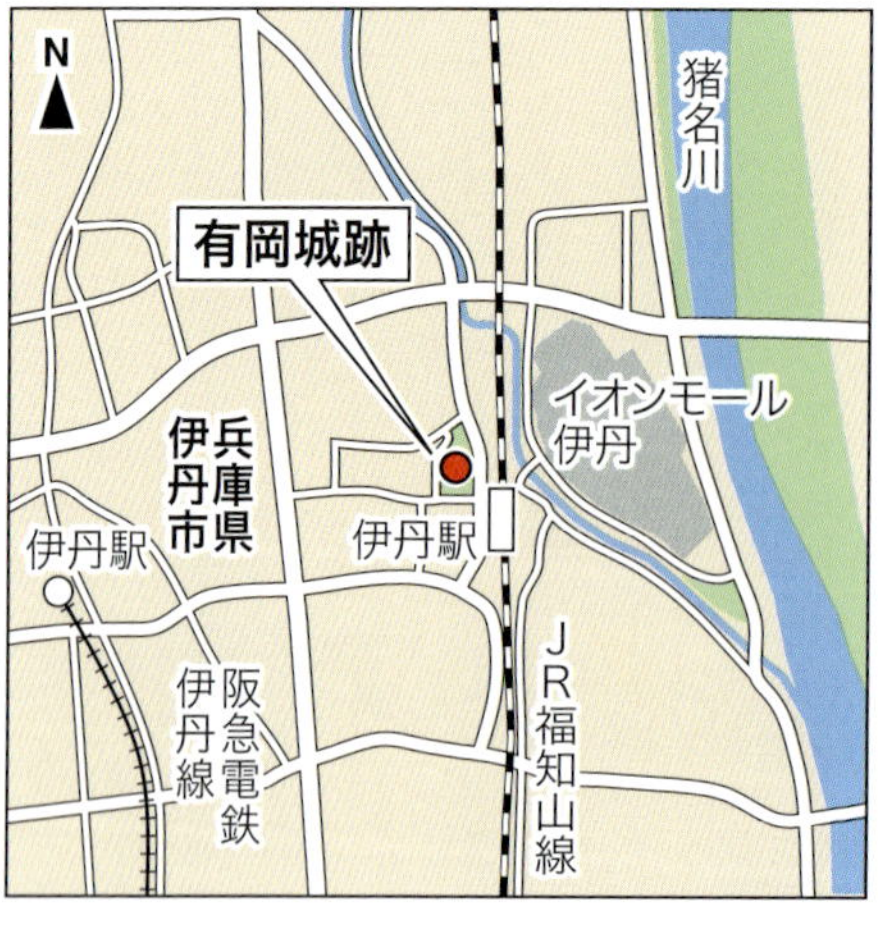

アクセス

・JR福知山線伊丹駅から徒歩1分。
・車では中国道中国池田ICから一般道でJR伊丹駅を目指す。約4㎞。市立アリオ地下駐車場か市営宮ノ前駐車場を利用。

第5章 丹波とその周辺

N
盛林寺
宮津市
天寧寺
明智藪
福知山市
御霊神社
福知山城
福井県
京都府
宇津城跡
慈眼寺
黒井城(保月城)跡
丹波市
国領城跡
籾井城跡
般若寺城跡
興禅寺
丹波
篠山市
南丹市
八木城跡
周山城跡
金山城跡
亀岡市
谷性寺
京都市
八上城跡
亀山城址
明智戻り岩
兵庫県

32

八木城跡

京都府南丹市八木町

反信長のキリシタン武将

天正3（1575）年6月、光秀は信長に丹波攻略を命じられた。翌月には日向守《ひゅうがのかみ》に任じられ、惟任《これとう》の名字も与えられた。

当面の敵は八木城の内藤如安《ジョアン》と、宇津城の宇津頼重だった。二人は足利義昭に同調し、反信長の姿勢を鮮明にしていた。

八木城はJR八木駅南西にある標高344メートルの城山に位置し、八上城、黒井城と並んで丹波三大山城の一つに数えられている。主郭のある山頂から四方に伸びる尾根に数多くの曲《くる》輪《わ》があり、急な斜面に守られている。

室町時代に丹波守護代の内藤備前入道によって築かれた。天文22（1553）年、八上城の波多野秀忠らに攻められ落城、守護代内藤国貞は討ち死にし、内藤氏は没落する。城には松永久秀の弟長頼が内藤宗勝と名乗り入ったが、黒井城主赤井直政と戦い敗死した。

その後、宗勝の遺児でキリシタン武将の内藤如安が実権を握り、城は丹波へのイエズス会布教活動の拠点的な役割を担った。

如安は信長に追放された足利義昭に味方し失脚、八木城は最終的に天正7年、信長の命を受けた光秀に攻められて落城した。城は光秀により改修され、亀山城築城後はその支城として存続した。

如安はその後も転変の人生をたどる。小西行長の重臣となり、関ケ原合戦後は加藤清正や前田利家の客将となった。江戸時代に入って禁教令（キリスト教禁止令）が出されると、同じキリシタンの高山右近とともにフィリピンのマニラに亡命。地元住民から生き神のように歓待されたという。

　八木城登城口付近には、十字架をかたどった如安の石碑がある。

八木城の広大な城郭施設があった城山を遠望する

アクセス

・JR山陰本線（嵯峨野線）八木駅から登り口まで徒歩15分。山頂まで徒歩35分。
・車では京都縦貫道八木東ICから15分。駐車場はない。

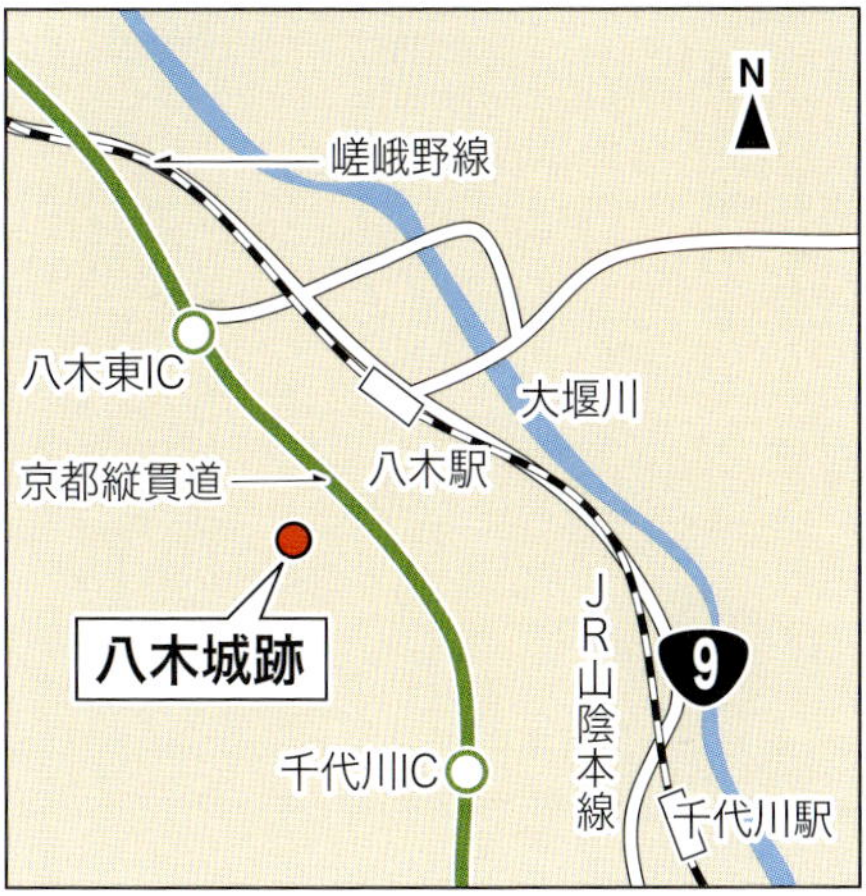

メモ

　八木城は、内藤如安の居城として江戸幕府から禁教令を受けた。弾圧を避けるため、城に関する史料の多くが書き変えられ、抹消されたと思われる。そのため沿革を知ることが困難で、「幻の八木城」と呼ばれている。

33

宇津城跡

京都市右京区京北下宇津町殿ノ谷

土岐氏がルーツの宇津氏

天正3（1575）年、丹波攻めの総大将となった光秀は、丹波に入って内藤如安《ジョアン》、宇津頼重に対する攻撃準備を進めた。このころ越前で一向一揆が激化。鎮圧に出陣した信長に同行することになり、急きょ越前へ転戦し、宇津攻めは光秀不在のまま進められた。

宇津氏は、美濃・長森城主の土岐氏の末子が高野山の僧坊で成長した後、この地に移って頼顕を名乗ったことに始まるという。以後頼夏、頼高、頼重と代を重ねる。光秀とは同じ土岐氏の一族ということになる。

宇津城は大堰《おおい》川（桂川）の右岸、八幡神社の背後の山に築かれた山城。宇津氏はしばらく命脈を保ったが、天正7年、丹波攻略の終盤段階で光秀に攻められる。城を明け渡して退却したが多数が討ち取られ、宇津氏は滅亡した。

城はその後、光秀が手を加えたとされ、現在は曲輪《くるわ》、石垣、堀切などが残る。

アクセス

・京都縦貫道八木東ＩＣから15㎞、25分。公共交通機関では難しい。

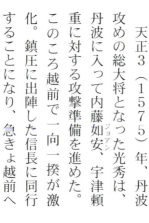

宇津氏が本拠とした宇津城は、八幡神社の背後の山に築かれていた

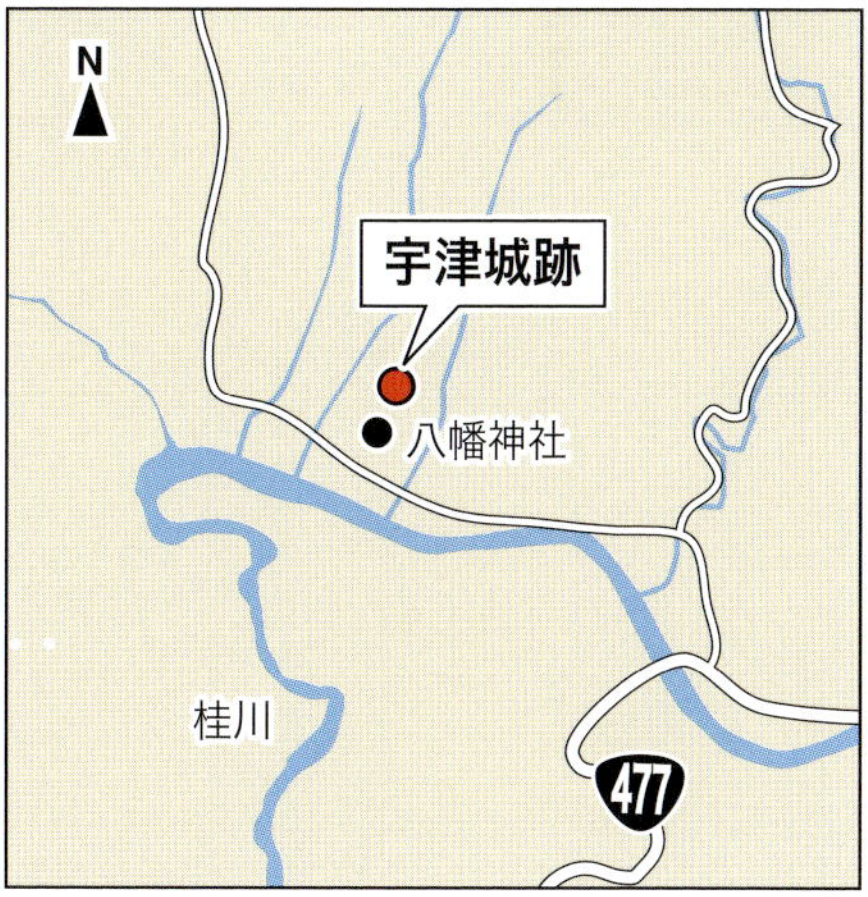

かつては城への大手道があったとされる八幡神社

34
亀山城址
京都府亀岡市荒塚町内丸

丹波統治の拠点、善政施す

天正5（1577）年ころから、光秀は丹波攻略の拠点として、京都との境に近い亀山（現亀岡市）に城を築いていた。丹波での数少ない同調者である小畠《こばたけ》永明らに命じて、前年から築城に着手していたという。

この天正4年は、石山本願寺勢と激戦を繰り返し、自身の病気や妻を亡くすなど、光秀にとって公私ともに多難な年だった。そうした苦境にあっても、いったん挫折した丹波攻略への布石を置くことを怠らなかった。光秀の用意周到な性格を表している。

亀山は京から丹波に通じる山陰道の要衝地。城は保津川と沼地の南側にある荒塚山と呼ばれる丘陵上に築かれ、天守が構えられた。

城の南側は内堀・外堀・惣堀の三重の堀がめぐらされていたが、北側は今も南郷池として残る一重の堀だけだった。有事の際は約1キロメートル北を流れる保津川をせき止め、水田が巨大な堀となる仕組みだったという。

丹波平定後、亀山城はそのまま光秀の丹波統治の拠点となった。近隣の村から人を呼び寄せ、本格的な城下町へと発展させ

大本によって修復された亀山城天守台付近の石垣

た。善政を敷いたとされ、今も人気が高い。本能寺の変の際、光秀はこの城から出陣した。

今治城の天守を移築

亀山城は、後に豊臣秀吉や徳川家康にも重要拠点として活用された。慶長15（1610）年、西国大名を動員した天下普請により、城は近世城郭として大改修され、藤堂高虎によって今治城の天守が移築されたという説もある。正確な史料が残っていないこともあり、光秀時代の城の全容は分かっていない。

明治になると、廃城令によって民間に払い下げられた。多くの遺構が失われ、荒れ果てた状態となった。その後は土地所有

石垣には刻印が残されている

者が転々と変わり、大正期に宗教法人「大本」が入手して本部を設置。城の石垣などを復元した。一部に光秀期の石積みが残るという。

伊勢との混同避ける

太平洋戦争前の1935（昭和10）年、宗教への警戒感を強める政府によって、施設全体が徹底的に破壊された。戦後に大本によって修復され、現在に至っている。天守台付近は神聖な場所として、立ち入りや撮影が制限されている。

亀山の地名は伊勢（三重県）の亀山と紛らわしいとされ、明治2（1869）年に亀岡市に改称された。丹波北部の福知山と同様に、城下町の基礎を築き善政を施したとして、光秀の人気は今も高い。「亀岡光秀まつり」が毎年5月3日に催され、武者行列が練り歩く。

メモ

小畠永明は光秀が最も信頼を寄せた丹波国衆。他の国衆を取りまとめる役割を担った。二人が交わした書状や手紙類は「小畠文書」として残され、丹波平定期の実情や光秀の人となりを伝える貴重な史料となっている。八上城攻防戦で永明が戦死した際、光秀は痛恨の言葉を残し、遺児に明智姓を名乗らせて将来を約束している。

境内に残る内堀跡。現在は万祥池と呼ばれている

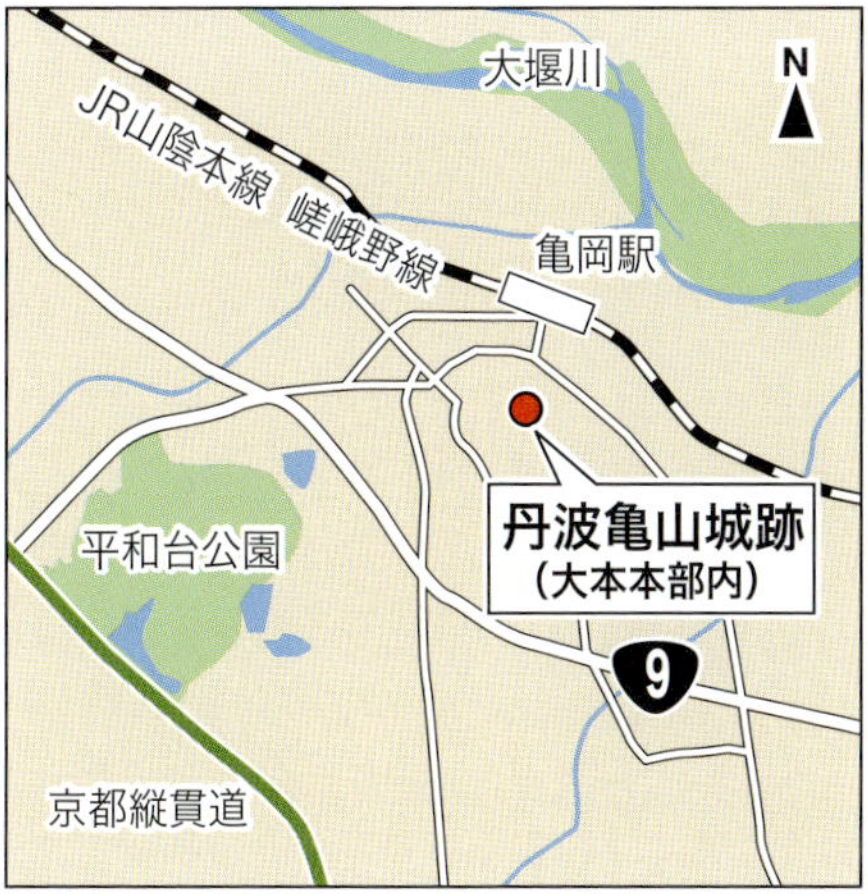

アクセス

・JR山陰本線亀岡駅から徒歩10分。
・車では京都縦貫道亀岡ICから8分。宗教法人大本に参拝者駐車場あり。みろく会館で見学受け付け。

35

籾井城跡

兵庫県丹波篠山市福住

光秀軍と激戦の末に落城

籾井城は丹波の宿場町・福住の籾井川北岸にあった籾井氏の城で、白尾山（標高３９４メートル、比高１５０メートル）に築かれていた。古くは山陰道、江戸期は京街道と呼ばれた旧街道沿いに位置する福住は、京から天引峠《あまびき》を越えて山陰に通じる交通の要衝で、丹波の入り口だった。

籾井氏は八上城の波多野氏に従い、光秀の丹波攻めのころの城主は綱利。丹波の青鬼の異名を持つ教業《のりなり》を城主とする説もあるが、実在が疑われている。綱利の父綱重が次男正綱を連れて隠居して移ったのが、2キロメートルほど東にある支城の安口城《はだかす》。綱重の妻は波多野秀治の妹とされる。

天正４（１５７６）年11月には、安口城の綱重父子とともに18日間の激闘の末に光秀を撃退した。翌年10月、大軍を率いて再び押し寄せた光秀によって落城。綱利は自刃し、籾井氏も没落した。

現在は籾井城跡公園として整備されており、山麓の禅昌寺脇から登城道が続いている。山頂の本丸跡には「籾城公園」の碑が建ち、南北の尾根沿いに曲輪《くるわ》や堀切もよく残っている。

籾井城の遠景。長く延びる尾根沿いに曲輪や堀切を配した連郭式山城だった

籾井城跡公園の登り口

アクセス

・舞鶴若狭道丹南篠山口ＩＣから一般道で 25 分。公共交通機関では難しい。

36

八上城跡

兵庫県丹波篠山市八上

難攻不落、波多野氏の山城

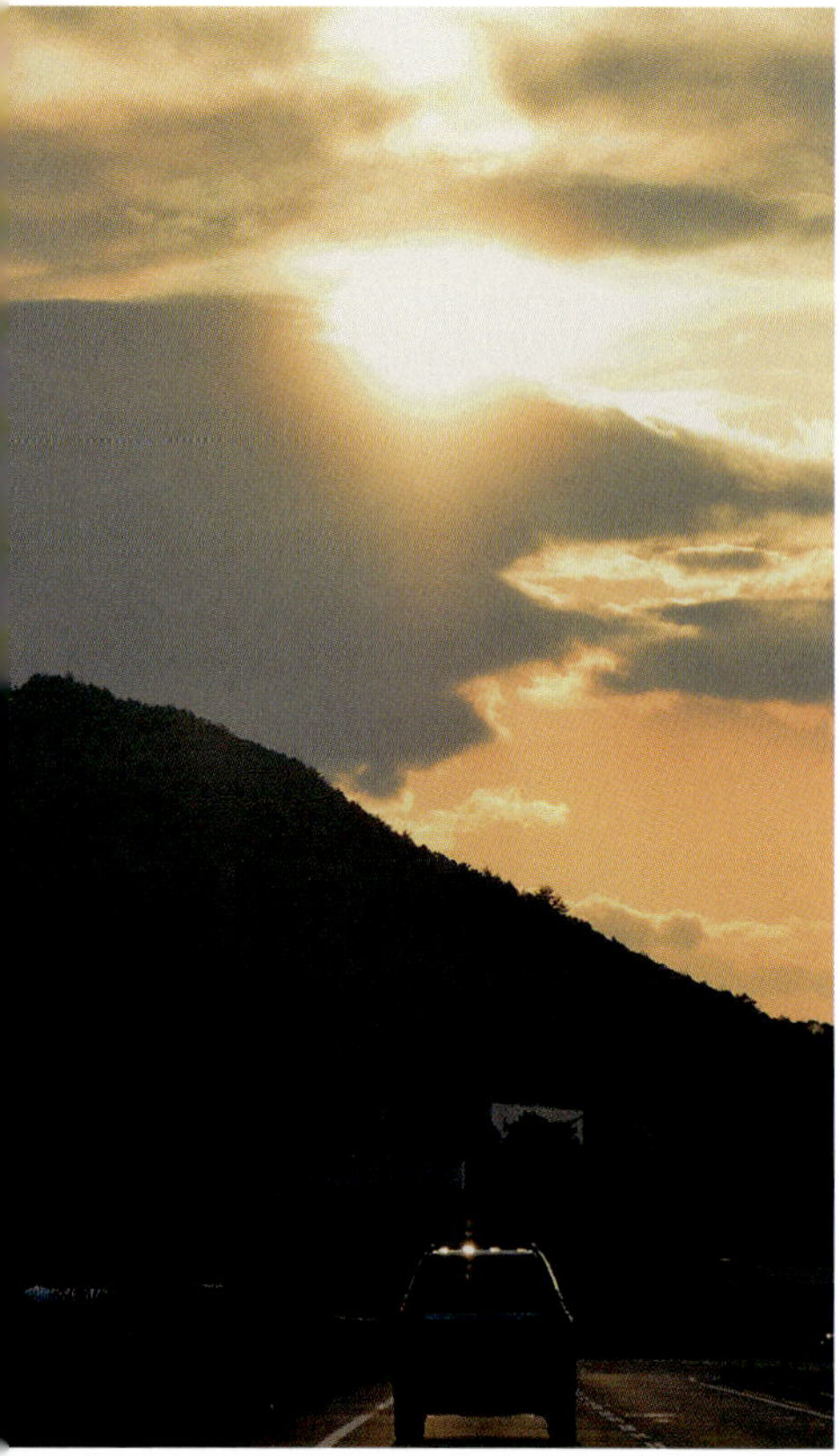

光秀の丹波攻めに長く立ちはだかり、最大の難敵だったのは波多野氏だろう。波多野氏の本拠地は、篠山盆地のほぼ中央にあり、標高460メートルの高城山に築かれた八上城。黒井城、八木城と並ぶ丹波の三大山城に数えられている。

信長の命を受けた丹波攻めの開始当初、波多野氏の当主秀治は恭順の姿勢を見せていた。赤井氏の籠城する黒井城攻めでも秀治は光秀軍に従軍していたが、天正4(1576)年正月に突如離反。赤井直正らとともに光秀軍を敗走させた。

徹底した兵糧攻め

敵対を続ける石山本願寺、離反した松永久秀や荒木村重など、四囲に多くの敵を抱えていた信長だが、再度の波多野攻めを指示。有岡城の村重包囲戦に当たっていた光秀は、天正6年末に戦線を離脱して丹波に向

車窓から丹波富士と呼ばれる高城山を望む。八上城は難攻不落の山城として整備され、光秀の攻撃を迎え撃った

かった。

光秀は秀治の籠城する八上城の包囲戦に加わり、周囲に多くの拠点を築いて本格的な攻略を進めた。だが八上城は容易には落ちなかった。

丹波の入り組んだ山岳地帯を熟知する秀治は、これを生かした用兵で明智軍を翻弄《ほんろう》し、光秀軍の攻撃に1年半耐えた。城を出て光秀方に攻撃をかけ、光秀の信頼する小畠《こばたけ》永明が討ち死にする局面もあった。

光秀の徹底した兵糧攻めにより、翌天正7年春ごろには餓死する者もいたという。籠城を続ける秀治方の困窮は限界に近付き、味方の丹後・但馬の諸豪族も次第に撃破されたこともあり、八上城包囲戦は最終局面を迎える。

光秀は敵味方の区別を徹底し、城外に逃れようとする敵の掃討を厳命した。同時に戦功を挙げることにはやり、持ち場を離れないように念を押した。地域住民には被害のないよう気を配り、攻略後の地域安定に配慮する周到ぶりだった。

麓の春日神社付近に建つ八上城跡の石碑と案内板

典型的な中世山城跡

同年6月、秀治はついに光秀に降伏した。身柄は弟二人とともに亀山城、坂本を経由して安土の信長のもとに移され、磔《はりつけ》の刑に処せられた。波多野兄弟三人は、観念したらしく神妙な最期だったという。

八上城はその後、前田氏などが入ったが、江戸初期に廃城となった。曲輪《くるわ》や土塁など多くの遺構が残り、中世山城の典型的な姿をとどめる城跡として、国史跡に指定されている。

アクセス

・JR福知山線篠山口駅から神姫グリーンバスで約30分、八上本町下車。春日神社付近の登山口まで徒歩3分。
・車では舞鶴若狭道丹南篠山口ICから15分。春日神社に数台分の駐車スペースあり。

人気のない春日神社の横から登山道が始まる

メモ

合戦の終盤に、光秀が母を人質として八上城に送ったとの逸話がある。信用した波多野兄弟は城を出たが、安土の信長のもとに移送されて磔になり、城兵が報復のため光秀の母を磔にして殺害。光秀は信長の処置に怨みを抱き、本能寺の変の一因となったとする。現在ではこのような史実はなく、創作であると判断されている。

37

金山城跡

兵庫県丹波篠山市追入大乗寺

八上、黒井両城の分断図る

天正6（1578）年、波多野氏のこもる八上城を包囲した光秀は、丹波市と丹波篠山市の境にある金山《きんざん》（標高537メートル）に拠点の山城を築いた。

黒井城の赤井氏との連携分断を図ったとされ、主郭跡からは八上城と黒井城が見渡せる。

その狙い通り、翌天正7年6月に八上城、8月には黒井城が落城した。長く立ちはだかった両勢力を滅ぼし、光秀の丹波平定は成った。

主郭の奥に奇岩

金山城への登山口は、山麓南東側の追入《おいれ》神社脇にある。しばらく石段が続き、その後は山道。廃寺跡、堀切、曲輪《くるわ》、馬場跡などを確認できる。山頂の主郭周囲に野面《のづら》積みの石垣の一部が残る。

主郭の奥には、大江山の鬼が架けたとの民話があり、「鬼の架橋」と呼ばれる奇岩がある。歌川広重の浮世絵「六十余州名所図会」にも描かれている。山中には奇岩、巨岩が多く、人気のハイキングコースになっている。

東側から見た金山城跡の遠景

メモ

金山城への登城口付近には、古い街道筋に7戸の集落がある。登城口の常夜燈を守り、毎日灯をともしている。安全確認のため、登山者は入山時に神社横の観音堂の鐘をつき、無事に下山してきたらまた鐘をついて知らせる習わしだという。

道路沿いの常夜燈の間を通り、
追入神社横の登山道から登る

しばらくは石段が続く。登山道は
よく整備されている

アクセス

・ＪＲ福知山線篠山口駅から神姫グリーンバスで追入下車。ただし１日に３～５本しかない。
・車では舞鶴若狭道丹南篠山口ＩＣから15分。追入神社付近に若干の駐車スペースあり。

38

般若寺城跡

兵庫県丹波篠山市般若寺

降伏の波多野秀治と会見

天正6（1578）年、光秀は波多野秀治の籠城する八上城を包囲し、篠山川を隔てた井根山に般若寺城を築いた。八上城陥落時には秀治とこの城で会見したと伝えられる。

正覚寺の山門前に案内板がある

城山の南麓には秀治が建立した般若寺があったが、攻防戦の際に焼失。江戸時代になり跡地に正覚寺が創建された。かやぶきの山門前に案内板があり、裏手に城跡への登り口がある。

城は細長い山頂部に、三つの曲輪《くるわ》を連結させた構造。竪堀跡のような溝がわずかに確認できる。

アクセス

・JR福知山線篠山口から神姫バスで般若寺下車。
・車では舞鶴若狭道丹南篠山口ICから一般道を経由し20分。駐車場はない。

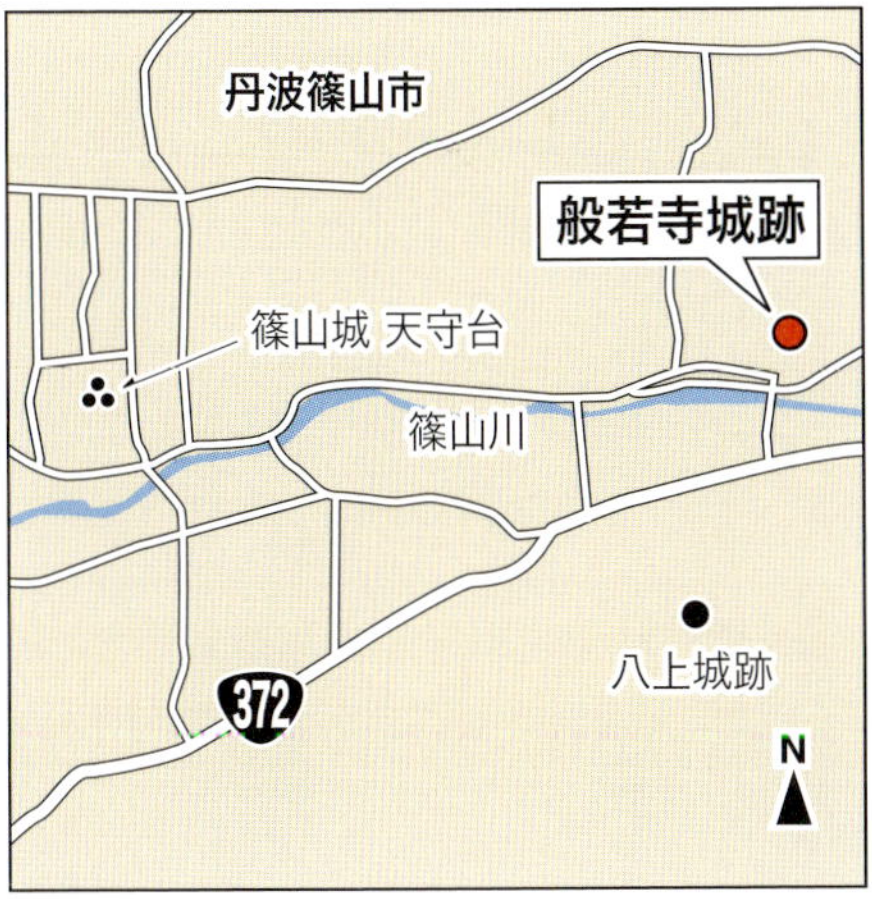

39

黒井城(保月城)跡

兵庫県丹波市春日町

丹波の赤鬼・赤井直正の城

戦国の丹波三大山城に数えられる黒井城は、赤井(荻野)直正の居城として知られている。標高356メートルの猪ノ口山を中心に、尾根や峰続きの山々にも数多くの砦《とりで》が築かれ、丹波有数の規模を誇った。

豪勇をうたわれ「丹波の赤鬼」と恐れられた赤井直正は、若くして黒井城を居城とする同族の荻野氏に養子に入った。母方の叔父を殺害して城を乗っ取ったことから、「悪右衛門」の通称が付いたとされる。勢力を丹波一円に広げ、但馬まで進出した。

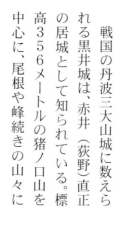

病に倒れて療養

信長の命を受けて丹波攻めに乗り出した光秀は、天正3(1575)年11月、直正の籠城する黒井城に目標を定める。周辺に多くの陣を構え、得意の兵糧攻めで包囲網を狭めた。丹波に徳政令を発布し、人心の掌握に努めるなど、大勢は決したかに思われた。

翌4年1月、黒井城への総攻撃が始まった。ところが、光秀に従っていた波多野秀治が突如寝

山頂の石積み越しに「保月城趾」の碑が建つ。保月城は黒井城の別名

返る。挟み撃ちにされた光秀方は総崩れ。光秀はいったん帰京し、丹波攻めは中断された。直正はすぐに信長と和睦する策士ぶりを見せた。

その後、光秀は摂津の天王寺砦を拠点に大坂本願寺と戦ったが、病に倒れ、療養を余儀なくされる。歴戦の疲れが一気に出たのだろうか。妻が11月に亡くなったのも、光秀の苦境に追い打ちをかけた。

丹波攻めの本格的再開は天正5年秋。同7年、光秀は難敵波多野秀治の八上城を、1年半の包囲戦の末に落城させる。宇津城(京都市右京区)や丹波・丹後国境の鬼ケ城(福知山市)も攻略した。この間、天正6年に赤井直正

手前から延びる猪ノ口山系にも城郭が築かれていた。山地を生かした要塞であることが分かる

が病死している。

翌7年、士気が衰えた黒井城は、光秀軍に包囲され降伏。甥の忠家は逃亡し、秀吉、家康に仕えて関ケ原合戦後まで生き延びた。光秀の丹波攻めはようやく完了した。

段違いに本丸や二の丸

光秀は重臣の斎藤利三を城主に任じ、利三の娘の春日局（幼名・福）は、この地で生まれたとされる。光秀が山崎の戦いで敗れると、秀吉の家臣堀尾吉晴が入城。その後廃城となった。

現在、城跡は整備され、土塁や石垣などの遺構を確認しながら登ることができる。

南北約150メートルの平らに削った山頂には、本丸、二の丸、三の丸が段違いに配置されている。本丸跡には、城の別名の「保月城趾」の石碑が建つ。主要部の南西側には野面《のづら》積みの石垣が残り、天正期の構築と考えられている。山頂の一段下には東曲輪《くるわ》、西曲輪、帯曲輪が取り巻くように配置され、防御を固めている。

全山を要塞化した城の構えは戦国期山城の典型とされ、光秀の攻撃を長期間しのいだ歴史をよく感じさせる。また永禄から天正期の遺構が、その後改変されず良好に残されていることから、城郭史上極めて貴重との評価を受け、国史跡に指定されている。

山頂周辺には石垣がよく残っている。二の丸西側の角付近

メモ

山麓からは山頂部に至る稜線や石垣が遠望できる。山頂からは360度の眺望が開け、時期によっては早朝に見事な雲海が現れる。ゆるやかコースと急坂コースがあり、日課のように登山に訪れる地元の人々も多い。

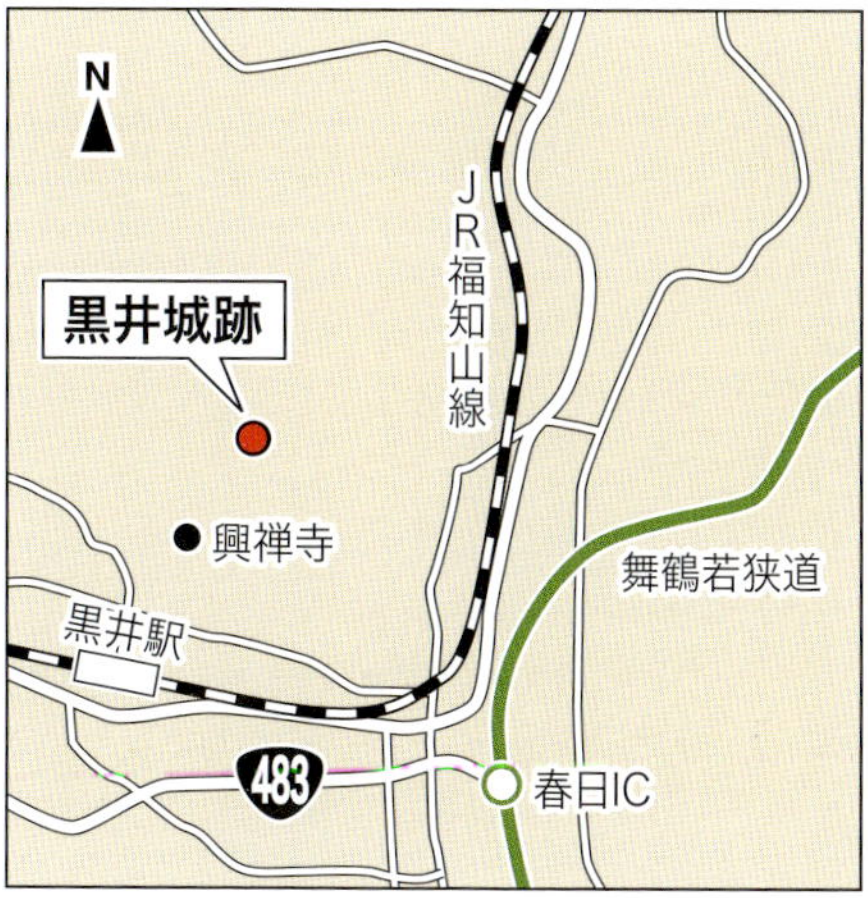

アクセス

・JR福知山線黒井駅から登山口まで徒歩10分。
・車では舞鶴若狭道春日ICから10分。約10台分の無料駐車場あり。

40

興禅寺

兵庫県丹波市春日町黒井

春日局が幼少期を過ごす

光秀と激戦を繰り広げた黒井城主の赤井直正は、平時には城の南麓に設けた下館で政務を行っていた。天正7（1579）年、光秀の丹波制圧後に重臣・斎藤利三が入城。同10年の山崎の戦い後には秀吉の家臣堀尾吉晴が入ったが、廃城となった。黒井城落城から半世紀近くたった寛永3（1626）年、下館の跡に興禅寺が創建された。

寺の楼門前には野面《のづら》積みの高石垣と白壁、水をたたえた七間堀があり、下館当時の面影を伝える。黒井城跡とともに国史跡に指定されている。

興禅寺は斎藤利三の三女・春日局の生誕地としても知られる。「お福さま」と呼ばれ、3歳までこの地で過ごしたとされる。後に徳川3代将軍家光の乳母となり、大奥を築いて権勢を振るったことで名高い。

境内には、「お福の腰掛け石」や「お福産湯の井戸」がある。

興禅寺の楼門前には、水をたたえた七間堀と高石垣や白壁が残る。黒井城下館を再利用したと推定される

メモ

父利三が山崎の戦いで敗れ処刑された後、お福は母方の実家の稲葉家に引き取られた。小早川秀秋の家臣稲葉正成に嫁いだ後、江戸城に上がり、家康の孫竹千代（後の家光）の乳母となった。世継ぎ争いで家光を３代将軍に就かせ、大奥の礎を築いて権勢を振るった。春日局は朝廷から従三位の位階とともに与えられた名号。

境内裏手にある「お福産湯の井戸」

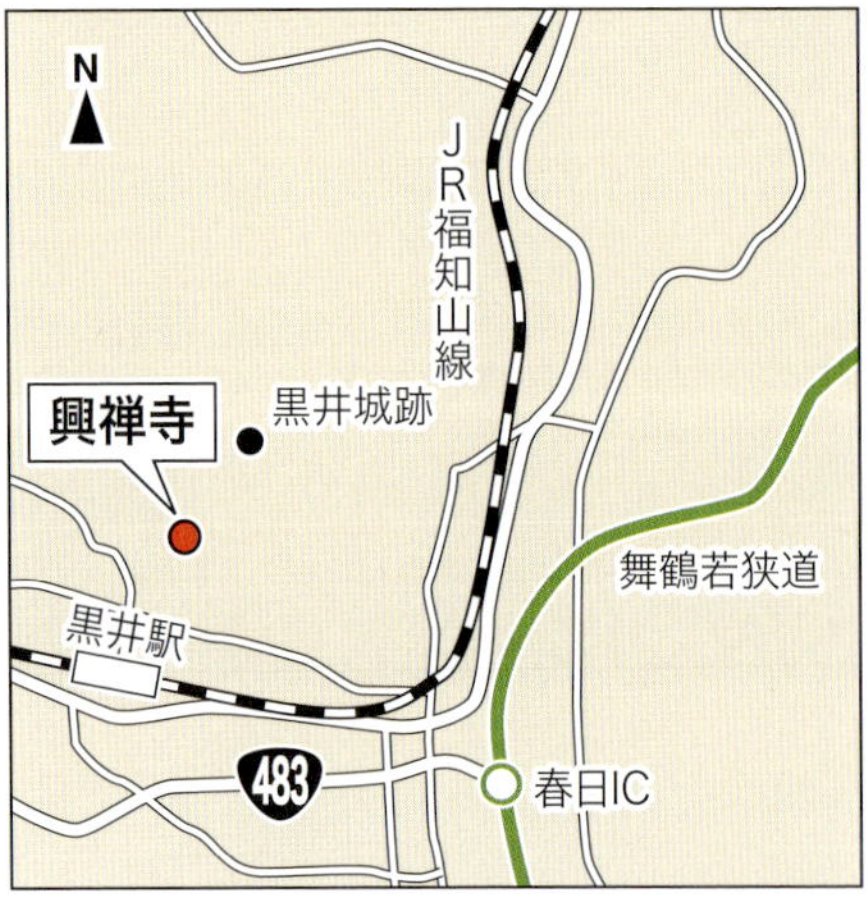

境内の「お福の腰掛け石」。お福はよくこの石に腰掛けて遊んだという

アクセス

・ＪＲ福知山線黒井駅から徒歩 10 分。
・車では舞鶴若狭道春日ＩＣから 10 分。約 10 台分の無料駐車場あり。

41

国領城跡

兵庫県丹波市春日町国領

丹波攻め最終局面で落城

流泉寺の西側に残る土塁

国領城は、黒井城主・赤井直正を支えた弟の赤井刑部幸家の居城。天正7（1579）年、黒井城を攻めた光秀によって落とされた。

幸家は直正の息子直義を連れて城を脱出し四国へ逃れたが、後にこの地に戻った。浪速のロッキーと呼ばれた元ボクサーで俳優の赤井英和は、幸家の子孫だという。

現在城跡は流泉寺の境内となっていて、南側と西側にL字型の土塁を確認できる。

アクセス

・JR福知山線黒井駅から神姫バス進修校前(進修小)下車、徒歩5分。
・車では舞鶴若狭道春日ICから5分。

42 福知山城

丹波平定、名君と慕われる

京都府福知山市字内記

天正7（1579）年10月、光秀は信長に丹波平定を報告、丹波・丹後の所領を命じられた。丹波中部の拠点として、掃討した塩見氏の城だった横山城を「福智山城」と改名し、近世城郭に改修した。城下町は「福智山」と命名したが、明智の「智」を取ったともいわれる。現在の「福知山」としたのは江戸中期の福知山藩5代藩主朽木《くつき》玄綱《とうつな》で、ここでは「福知山」で統一することにする。

光秀は丹波支配の本拠地を京都に近い亀山城とし、福知山城は東部の周山城、西部の黒井城とともに支配網を形成した。周山城にいとこの明智光忠、黒井城に重臣の斎藤利三、福知山城には娘婿の明智秀満を城代として配置した。

地子銭免除、善政施す

福知山盆地の中央部に位置する福知山城は、由良川と土師《はぜ》川の合流地点の段丘上に築かれた。水上交通の要衝で、同時期に治水工事など城下町としての整備が進められた。

光秀は18条の家中軍法を定め、戦時の規律を明記。土豪の居

夕日に映える福知山城の天守閣。市民の募金活動によって復元された

城の取り壊しも進め、戦乱で荒廃した丹波の秩序回復に努めた。

住民に対しては、治水のほか土地税や住民税に相当する地子銭を免除するなど、善政を施した。「明智光秀丹波を広め、広め丹波の福知山」と福知山音頭に歌われるなど、名君として今も市民に親しまれている。

山崎の戦いで光秀が敗れた後、福知山城には秀吉の異父弟の秀長が入城した。その後は秀吉配下の武将、さらに関ケ原の戦いの後は譜代大名が入るなど、めまぐるしく城主が交代した。

明治初期に廃城令で取り壊され、石垣と銅門《あかがねもん》番所だけが残されていたが、「瓦1枚運動」など市民の熱意によって、三層四階の天守が１９８６（昭和61）年に再建された。絵図をもとに望楼型の独立式を基本として外観復元され、初期天守の特徴がよく再現されている。

一部に残る光秀当時の石垣は、自然石をそのまま用い、野面《のづら》積み、乱石積み、穴太《あのう》積みなどと呼ばれる。また宝篋印《ほうきょういん》塔、五輪塔、石仏、石臼などの石造物が石垣に多く転用されている。

自然石や転用石を用いた野面積みの石垣

日本一深い湛水井

現在は福知山城公園として整備され、天守の内部は福知山市郷土資料館の施設となっている。天守からは福知山の城下町や眼下の由良川、遠く大江山などが望める。

本丸東側の天守入り口前には、「豊磐井《とよいわのい》」と呼ばれる大型の井戸が残っている。深さは50メートルで由良川の川底より低く、海面下7メートルに達する。城郭の本丸内にある湛水井としては日本一の深さで、現在も水を湛えている。この井戸には抜

アクセス

・ＪＲ山陰本線または京都丹後鉄道宮福線の福知山駅から徒歩15分。駅前から京都交通バスを利用すれば5分。
・車では舞鶴若狭道福知山ＩＣから８分。無料駐車場あり。

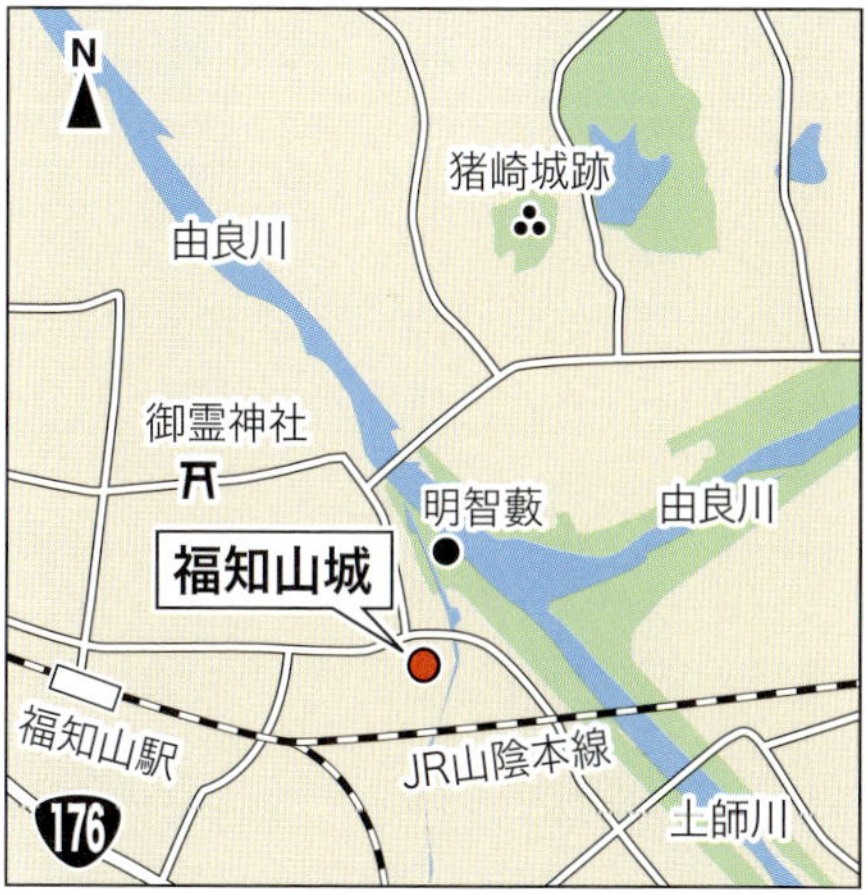

音無瀬橋を挟んだ由良川対岸の小高い山が猪崎城跡＝福知山市字猪崎城山

け穴があって、二ノ丸北側の対面所裏の横穴に通じていたとの伝承がある。

由良川対岸の小高い山に、塩見一族の猪崎《いざき》城跡がある。横山城落城後に光秀が攻め落とした。現在は城山公園として整備され、土塁や横堀などの遺構が良好な状態で保存されている。

メモ

天守内部の福知山市郷土資料館には、甲冑や書状など光秀ゆかりの品が展示されている。御霊神社に納められていた丹波攻めの際の書状や、光秀が軍の規律などを記した18条の「明智光秀家中軍法」など、貴重な史料も多い。

43

明智藪

京都府福知山市字堀

治水のため中州を設ける

「明智藪《やぶ》」と呼ばれる場所が二つある。一つは京都市伏見区の小栗栖で、山崎の戦いに敗れた光秀が、落ち延びる途中に農民らに討たれたと伝えられる。もう一つが、この福知山市の由良川中州の竹藪。治水のため光秀が築いたとされる。

天正8（1580）年、光秀は福知山城周辺の開発に着手。城下町の整備を進めた。城の東を流れ、水運に利用された由良川は、水害の多発する川でもあった。土師《はぜ》川との合流点付近に堤防を築き、現在の福知山駅付近まで蛇行していたと推定される由良川を北向きに固定。前面に流れの衝撃を和らげる中州を設け、竹林とした。城からは400メートル足らずの距離にある。

堤防は江戸時代に入っても拡張され、藪の長さは約500メートルに及んだ。藪はかつて蛇《じゃ》ケ《が》端《はな》御藪《おんやぶ》と呼ばれていたが、光秀を慕って命名され、定着したという。

1950年代以降の堤防改修によって、現在では北端部分のみが残る。光秀が福知山を治めたのは3年という短期間だったが、城下町整備や税の免除とともに、明智藪はその善政を物語る象徴となっている。

由良川に架かる音無瀬橋西詰付近から見た明智藪。右後方に福知山城が見える

アクセス

・JR山陰本線または京都丹後鉄道宮福線の福知山駅から徒歩20分。福知山城から徒歩5分。
・付近に駐車場はなく、城の無料駐車場を利用。

44

御霊神社

京都府福知山市西中ノ町

「ごりょうさん」と親しむ

福知山で名君と慕われた光秀の霊は、由良川沿いに位置する常照寺の境内にまつられていた。度重なる水害に見舞われたため、福知山城主・朽木稙昌《くつきたねまさ》は、宇賀御霊大神《うがのみたまおおかみ》をまつる稲荷神社に光秀の霊を移して御霊《ごりょう》神社を創建した。本能寺の変から120年余り後、宝永2(1705)年のこととされる。

光秀の善政を語り継いできた領民たちは大いに喜び、「御霊《ごりょう》会《え》」が盛大に催されるようになったという。

当時の御霊神社は約200メートル東の榎神社付近にあったが、明治期の由良川水害を経て大正7(1918)年、現在地に移された。福知山城から北西へ約1キロメートルの市街地中心部にあり、「ごりょうさん」と親しみを込めて呼ばれている。

神社は天正6(1578)年から9年にかけての光秀文書3通を所蔵していた。書状2点と家中軍法1巻で、現在は福知山城の市郷土資料館に保管されている。

由良川堤防のすぐ外側に位置する常照寺。100mほど上流部には福知山市治水記念館がある＝福知山市字菱屋

隣接する御霊公園側から見た御霊神社の鳥居。奥に拝殿がある

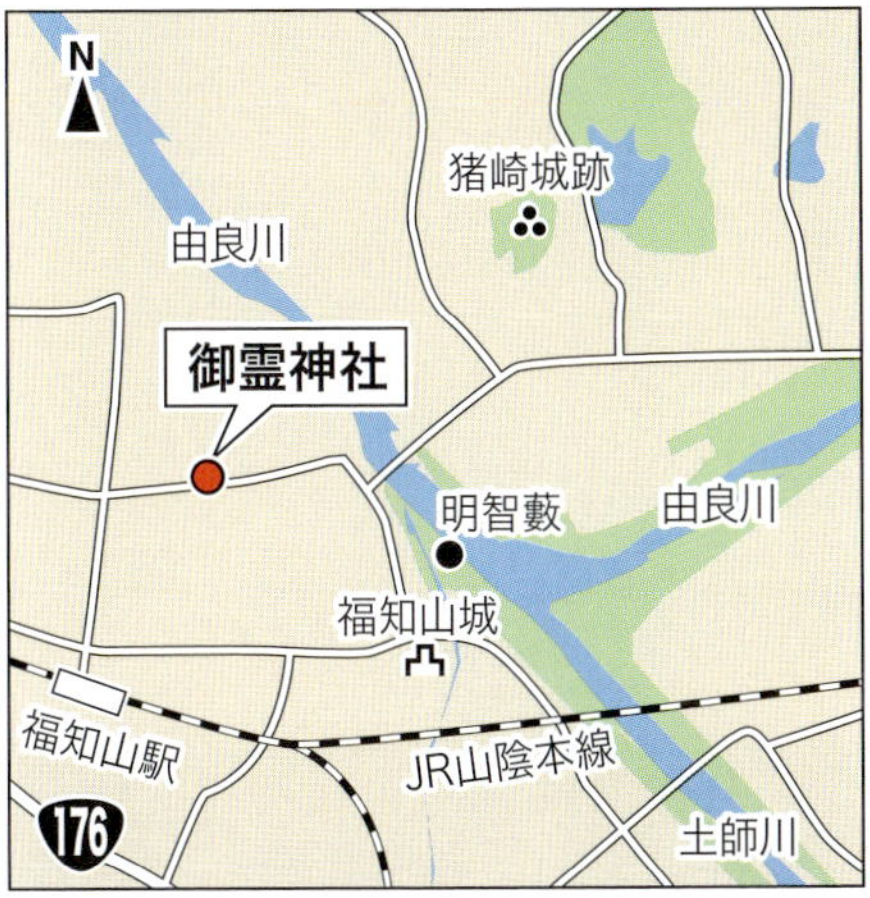

拝殿の屋根には桔梗紋が配されている

境内の一角には願いが叶《かな》うとされる叶石があり、パワースポットとして人気がある。

毎年10月の例大祭（御霊祭）にあわせて「丹波光秀ききょうまつり」が開催され、福知山市の代表的な秋祭りとして親しまれている。

アクセス

・ＪＲ福知山線または山陰本線で福知山駅下車、徒歩 10 分。
・車では舞鶴若狭道福知山ＩＣから国道９号で 15 分。神社南側に無料駐車場あり。

45

天寧寺

京都府福知山市字大呂

光秀が保護、文化財の宝庫

福知山市北部の山間にある名刹。貞治4（1365）年、当時の金山の地頭職・金山宗泰《むねやす》が祖先の菩提を弔うため、美濃出身の臨済宗の高僧・愚中周及《ぐちゅうしゅうきゅう》を招いて開山した。歴代室町将軍から保護され、特に4代足利義持の祈願所として隆盛を誇った。戦国時代に入ると動乱の中で衰退したが、光秀の保護により復興した。

寺には光秀と秀満の花押のある判物《はんもつ》（天寧《てんねい》寺文書）が残る。光秀は天正8（1580）年、寺の諸役を免除し、「この寺は陣地にしてはならぬ、竹木も切ってはならぬ」と宣言。秀満も引き続き承認している。

丹波攻略や福知山城築城の際、破壊された寺院は多いが、この寺に安堵（保護）を与えたのは、同じ美濃出身の愚中周及ゆかりの寺だったからだろうか。

安永6（1777）年の火災で多くの堂宇が焼失したが、江戸中、後期に再建。開山堂、薬師堂などが当時の趣を伝えている。本堂は1961（昭和36）

薬師堂右側の開山堂。六角円堂で土蔵造りという珍しい様式

丹波屈指の名刹天寧寺。山門を入った正面が薬師堂

年、落雷により再び焼失し、1963年に再建された。
　国指定重要文化財の「絹本著色十六羅漢像」などの絵画工芸品、愚中周及が元から請来した仏具などを所蔵。室町時代の禅宗文化を伝える文化財の宝庫となっている。

アクセス

・京都丹後鉄道下天津駅から徒歩20分。
・車では舞鶴若狭道福知山ＩＣから25分。無料駐車場あり。

46

盛林寺

京都府宮津市喜多

娘に届けられた首を埋葬

「光秀の首塚」と呼ばれる場所は、世に3カ所存在する。京都・東山の粟田口下、亀岡の谷《こく》性《しょう》寺、そして天橋立に近い宮津の盛林寺。謎に包まれた光秀の生涯にふさわしく、死後の首の葬られた経緯にもそれぞれの伝承がある。

盛林寺は天正5（1577）年に開基の名刹。丹後守護一色氏の家臣小倉氏の菩提寺として創建された。大久保山（大窪山）城近くにあったが、翌天正6年、小倉氏は信長の命を受けた細川藤孝に攻められて滅亡。寺は細川氏の庇《ひ》護を受けることとなった。

細川藤孝の長男忠興に嫁いだ光秀の三女・玉（後のガラシャ）が、光秀敗死後に2年間幽閉されていた味土野の御殿屋敷（味土野女城）までは30キロメートルほどの距離。光秀の首は重臣の斎藤利三によって届けられ、玉が確認。その後盛林寺に葬られたと伝えられる。

関ケ原の戦いの戦功により細川氏が豊前に去った後の慶長8（1603）年、寺は5キロメートルほど南の上宮津谷に移転。貞享2（1685）年に約100メートル北の現在地に移った。

光秀の位牌が安置されている盛林寺の本堂

盛林寺の裏手にある光秀の首塚。中央の宝篋印塔は玉が建立したとされ、「條鉄光秀居士」と刻まれている

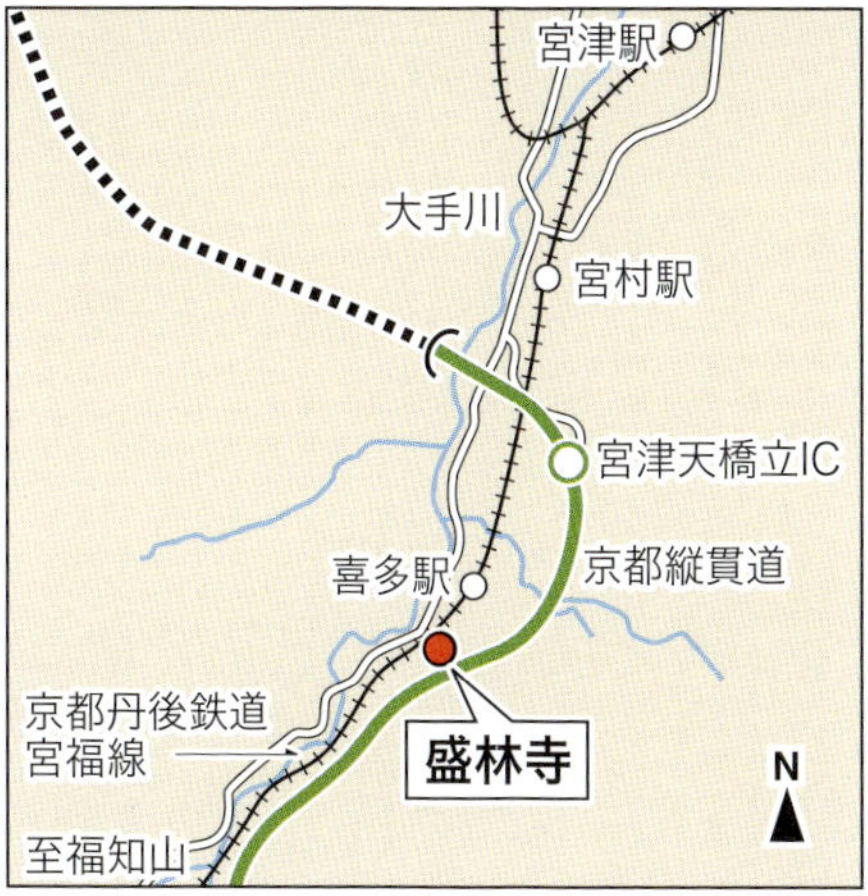

アクセス

・京都丹後鉄道宮福線喜多駅から徒歩８分。
・車では京都縦貫道天橋立ＩＣから５分。

本堂裏手の山裾に沿って、古い墓石群が並ぶ。一色氏の供養碑の左手にあるのが光秀の首塚。玉が建立したという宝篋《ほうきょう》印《いん》塔の基礎には、「條鉄光秀居士」と刻まれている。寺にまつられている位牌《いはい》には「前日州太守条鉄光秀大居士」とある。

47

周山城跡と慈眼寺

京都市右京区京北周山町

調査待たれる大規模な城

丹波平定後の天正9（1581)年、光秀は一時宇津城(現京都市右京区京北町）に入り改修を進めた。同7年に掃討した宇津氏の居城で、大堰《おおい》川(桂川)上流の渓谷に位置していた。同じころ、さらに上流で弓削《ゆげ》川との合流点西側にある周山に、新たに大規模な城を築いた。丹波・山城国境の桑田郡に、光秀の城が二つ存在していたことになる。

標高480メートルの周山からは、南北に延びる周山街道(若狭街道)を一望できる。山城・丹波・若狭を結ぶ交通の要衝にあった。

城は山頂の本丸を中心に、四方に延びる尾根に曲輪《くるわ》を配置し、山全体が城塞といえる形状をしていた。総延長は東西850メートル、南北600メートル。巨石を積み上げた石垣を多用し、防御を重視した城郭だった。主郭部は総石垣だが、西の尾根には土の城も見られる。

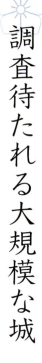

光秀没後3年で廃城

現在は虎口や井戸の跡が見られ、西尾根の曲輪に残る石垣は

正面の鉄塔の見える山が周山城跡＝正面の鉄塔の見える山が周山城跡

高さ6メートルを超す。主郭には天守台と思われる石垣を固めた遺構が確認できる。築城には当時の最新技術が用いられたという。

なぜこのように壮大な規模の城を、東丹波の山岳地帯に築く必要があったか。専門家は国史跡にふさわしいとし、今後の発掘調査に期待をかける。

天正10（1582）年までは、光秀のいとこの明智光忠が城主として居城。本能寺の変後、同12年には一時羽柴秀吉が入城した。山崎の戦いで敗れた明智方の残党によって破壊が進められたともいわれ、光秀没後3年で廃城となった。

山麓にある慈眼《じげん》寺には、木造

の「明智光秀公坐像」と位牌《いはい》がまつられている。釈迦堂の厨子内に安置され、座像は黒塗りで烏《え》帽《ぼ》子《し》姿。右肩の下にはうっすらと桔梗紋が見られる。

制作年代は不明だが、かつては慈眼寺の川向いの観音山にあった密厳寺に伝来していた。善政を施した光秀を慕う村民が、ひそかに守ってきたとされる。逆臣であるため墨で黒く塗りつぶし、腰の刀や金具類は取り外されたという。

密厳寺は光秀が創始したと伝えられるが、明治45（1912）年に廃寺となり、位牌、釈迦堂とともに慈眼寺へ移され今日に至っている。

登り口の脇に立つ「周山城址」の案内看板

慈眼寺の本堂左手にある釈迦堂。この中に光秀の木像と位牌が安置されている

周山山麓にある慈眼寺の釈迦堂に納められた光秀公坐像。黒塗りの木像で、眼光鋭く正面を見据えている

「主一院殿前日州明叟玄智大居士　神儀」と書かれた位牌

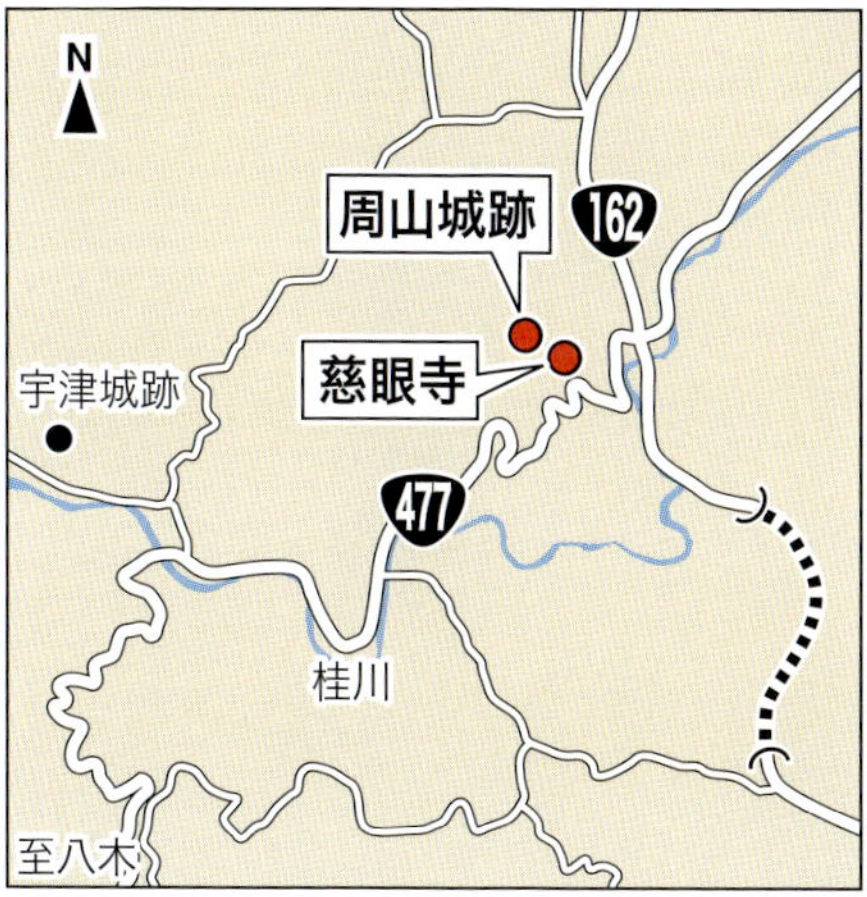

アクセス

・JR東海道本線京都駅からJRバスで約80分、周山で下車。
・車では京都縦貫道八木東ICから35分。駐車場は京北町役場隣のウッディー京北の駐車場を利用。

メモ

周山は光秀の命名とされる。古代中国で悪政を行っていた殷《いん》の紂王《ちゅうおう》を倒し、善政を施した周の武王の古事になぞらえたという。主君信長を紂王、自分を武王に見立てたとの俗説も流布した。光秀が天正９年８月、茶人津田宗及を招き十五夜の月見と連歌会を催したのもこの城だと推定されている。

48

谷性寺

京都府亀岡市宮前町猪倉土山

首塚と山門の残る桔梗寺

谷性《こくしょう》寺は亀岡市西部の山間部にあり、平安時代の創建とされる真言宗の古刹。「光秀寺」とも呼ばれる。丹波を平定した光秀は、本尊の不動明王を崇敬し、信長を本能寺で討つ決意をした際、「一殺多生の降魔の剣を授けたまえ」と誓願したといわれている。

境内には「光秀公首塚」がある。敗死した光秀の介錯《かいしゃく》をした溝尾庄兵衛は、その首を近臣に託し、谷性寺に運ばせて葬ったといわれる。首塚は光秀を慕う志士によって、幕末に築かれたという。

また境内には「明智山門」と呼ばれる門がある。もとは亀山城下にあった西願寺の門で、1976（昭和51）年に廃寺になる際、谷性寺に移築された。門を通して首塚が真正面に見えることから、「明智山門」と名付けられたとされる。門の内側から上を見れば桔梗紋が入っている。

毎年5月3日の「亀岡光秀まつり」では、首塚の墓前で追善供養が営まれたあと、光秀主従の武者行列が城下町を練り歩く。初夏には明智家の家紋である桔梗が多く咲くことから、「桔梗寺」とも呼ばれている。

メモ

谷性寺周辺は「ききょうの里」と命名されている。付近の田畑を借り受けて1万5千株の桔梗を植え、今では5万株にまで増えた。これだけの桔梗が咲き乱れるスポットは全国的にも珍しく、亀岡の夏を彩っている。

谷性寺の境内にある「光秀公首塚」。安政２（1855）年、光秀を慕う志士によって建てられたという

明智山門の内側上部に彫られた桔梗紋

アクセス

・ＪＲ嵯峨野線亀岡駅から京阪京都交通バスで猪倉まで 25 分、徒歩５分。
・車では京都縦貫自動車道亀岡ＩＣから 15 分。

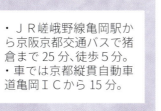

49

明智戻り岩

京都府亀岡市曽我部町法貴明智岩

丹波への行軍阻んだ巨石

明智戻り岩（一般社団法人亀岡市観光協会提供）

大阪・池田と亀岡を結ぶ国道423号（摂丹街道）の法貴峠付近の旧道に、屏風岩と呼ばれる岩がある。光秀公首塚のある谷性寺から南東に10キロメートルほどの山あいに位置する。

光秀軍が丹波平定に向かう途中、巨岩に行く手をさえぎられて亀岡に引き返し、「明智戻り岩」と呼ばれるようになったという。天正10（1582）年、光秀が羽柴秀吉の援軍として中国へと向かう際、ここで折り返して本能寺へ向かったとの別説もある。

※2019年11月現在、2018年の豪雨被害で周囲の土砂が崩れ、明智戻り岩まで近付くことは困難なので注意。

第6章 京都

京都府
愛宕神社
亀岡市
妙心寺
吉田神社
勝軍山城
真正極楽寺（真如堂）
本能寺跡
老ノ坂
光秀の首塚
本圀寺
京都駅
明智藪
長岡京市
光秀の胴塚
勝竜寺城
山崎
大阪府
大山崎町
N

50

本圀寺

京都市山科区御陵大岩

義昭襲った三好勢を撃退

永禄11（1568）年9月、信長は足利義昭を奉じて上洛を果たした。光秀は村井貞勝とともに京都での政務を任され、治安維持も担当するようになったという。翌12年正月に信長がいったん岐阜に戻ると、そのすきを狙うかのように、義昭の滞在する本圀《ほんこく》寺が襲われる事件が発生した。

襲ったのは三好長逸《ながやす》・政康、岩成友道の三好三人衆。1万人の軍勢で寺を囲んだという。防戦したのは義昭の直臣と織田衆・若狭衆の混成部隊約2千人で、この中に明智十兵衛、後の光秀がいた。

太田牛一の『信長公記《しんちょうこうき》』に光秀の名が現れる初見で、信頼の置ける史料に登場したことになる。

軍記物などによれば、奉公衆の屋敷から異変に気付いて駆け付けた光秀は、鉄砲隊を繰り出し、襲い掛かる敵兵を次々に倒したという。さらに細川藤孝、池田勝正、三好一族ながら三人衆と対立する三好義継らが駆け付け、三人衆の軍勢を撃退し、2千7百の首級をあげた。

この戦いは本圀寺の変、または六条合戦と呼ばれる。名を上げた光秀は、信長に重用されることになった。

当時の本圀寺は六条堀川にあったが、1969（昭和44）年に現在地に移転している。本圀寺のあった場所には現在、西本願寺の施設や駐車場がある。

本圀寺の開運門(赤門)。文禄元（1592）年に加藤清正が寄進し、1995（平成7）年に修復・復元された

仁王像が安置されている仁王門

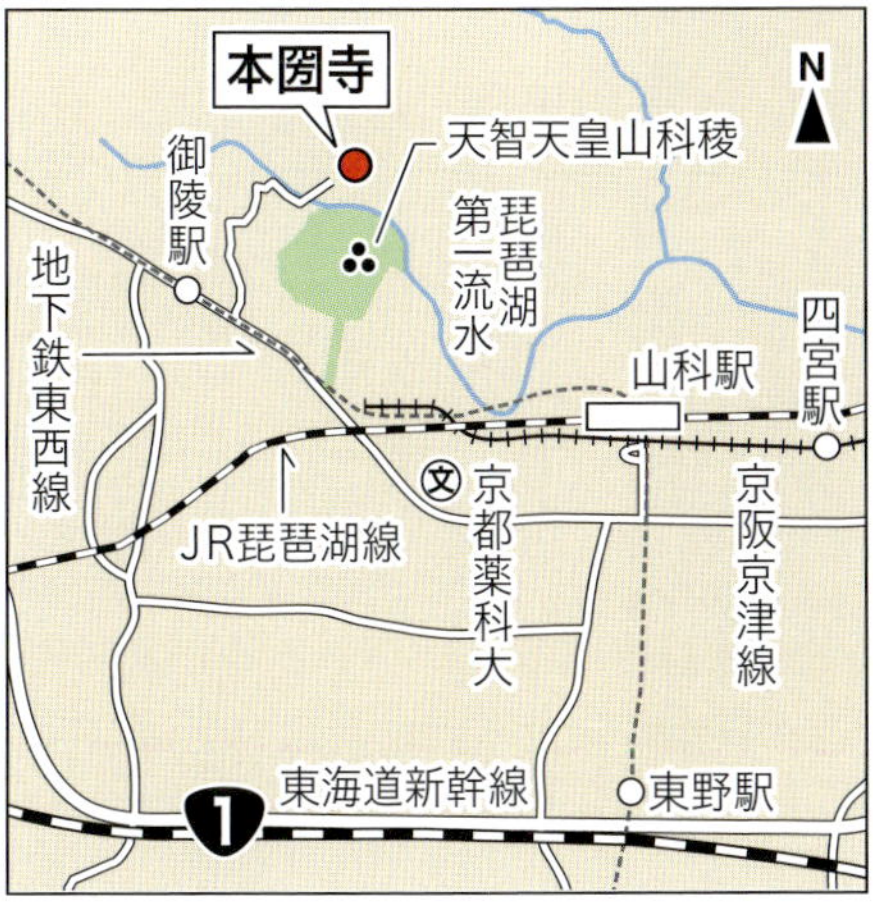

アクセス

・京阪京津線または地下鉄東西線御陵駅から徒歩10分。京阪バス御陵からも徒歩10分。
・車では名神高速京都東ＩＣから15分。坂が続き道幅は狭いので大型車には不向き。

51

勝軍山城

京都市左京区北白川清沢口町

延暦寺けん制に陣を置く

比叡山西麓の瓜生山《うりゅう》（標高301メートル）に築かれた戦国時代の山城。勝軍地蔵山《しょうぐんじぞうやま》城《じょう》、北白川城、瓜生山城などさまざまな別名がある。永正17（1520）年、室町幕府管領細川高国が初めて瓜生山に陣を構えた。

その後の転変を経て、元亀元（1570）年9月から12月にかけて信長軍と浅井・朝倉連合軍および比叡山延暦寺との戦い、いわゆる志賀の陣が起き、光秀もこの城に入った。数カ月にわたって陣を置き、延暦寺をけん制した。

将軍義昭の調停により、信長と浅井・朝倉両氏はいったん和睦。勝軍山城を離れた光秀は、その後宇佐山城に移り、引き続き監視役を務めた。

信長の京都支配が確立すると、勝軍山城は軍事的意義を失って廃城になったとみられている。

山麓には狸谷山不動院があり、その奥に登り口がある。山全体がハイキングコースとして整備され、曲輪《くるわ》、空堀、土塁などが見られる。山頂の本丸跡には地蔵堂と案内板がある。

地蔵堂の裏には元勝軍地蔵石室がある。地蔵は江戸中期に他の場所に移され、現在は石室だけが残る

地蔵堂の建つ山頂の本丸跡

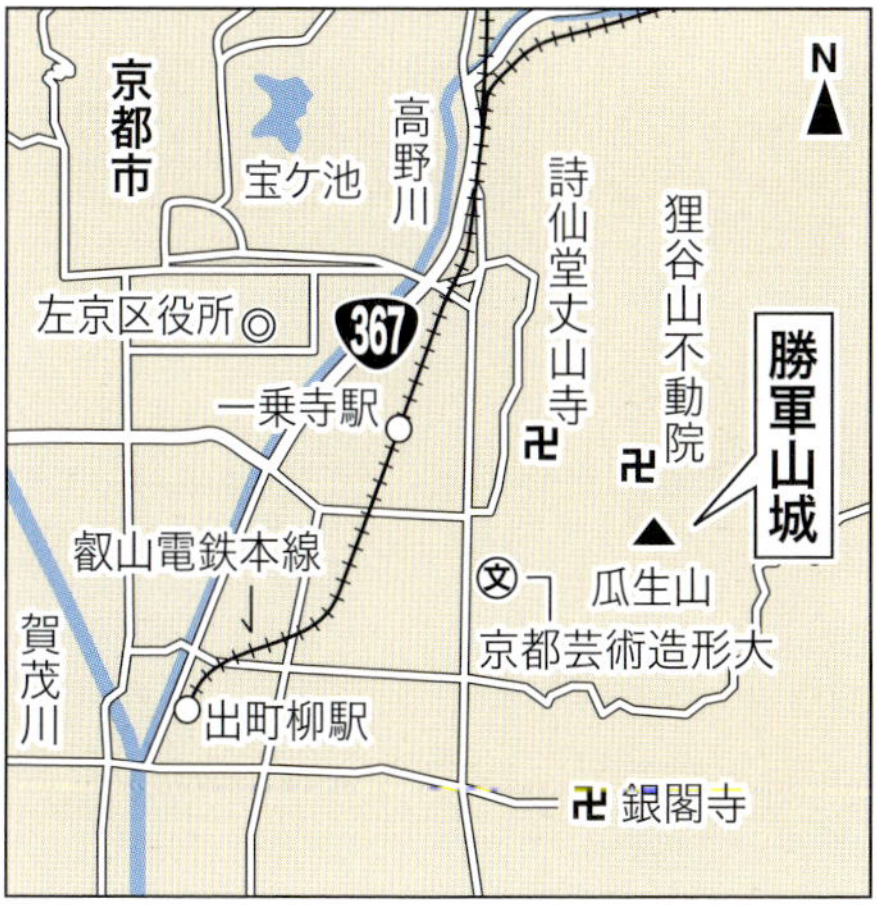

アクセス

・叡山電鉄本線一乗寺駅から徒歩25分。
・車では名神高速京都東IC、阪神高速8号京都線山科ICからそれぞれ35分前後。狸谷山不動院駐車場に駐車場あり。

52

吉田神社

京都市左京区吉田神楽岡町

石風呂を所望、疲れ癒やす

元亀元（1570）年11月13日、光秀は瓜生《うりゅう》山麓に近い吉田神社の神官・吉田兼見《かねみ》邸を訪ね、石風呂を所望している（『兼見卿記』）。山上の勝軍山城に布陣し、比叡山延暦寺や浅井・朝倉勢ににらみを利かせているころで、つかの間疲れを癒やしたのだろうか。

石風呂とは焼いた石に水をかけて蒸気を発生させる風呂で、現代のサウナのような仕組み。10日後の23日にも光秀から石風呂の依頼があった。光秀は風呂好きだったのかもしれない。

光秀と兼見は親交を深め、日記として書き続けた『兼見卿記』にもたびたび登場している。兼見は光秀だけでなく足利義昭、信長、秀吉、細川藤孝らとも交友があった。朝廷や公家と時の権力者の橋渡し役を務めていた。

光秀は天正4（1576）年、兼見に妻の病気平癒を依頼。兼見は妻を見舞い、一度は快方に向かった。

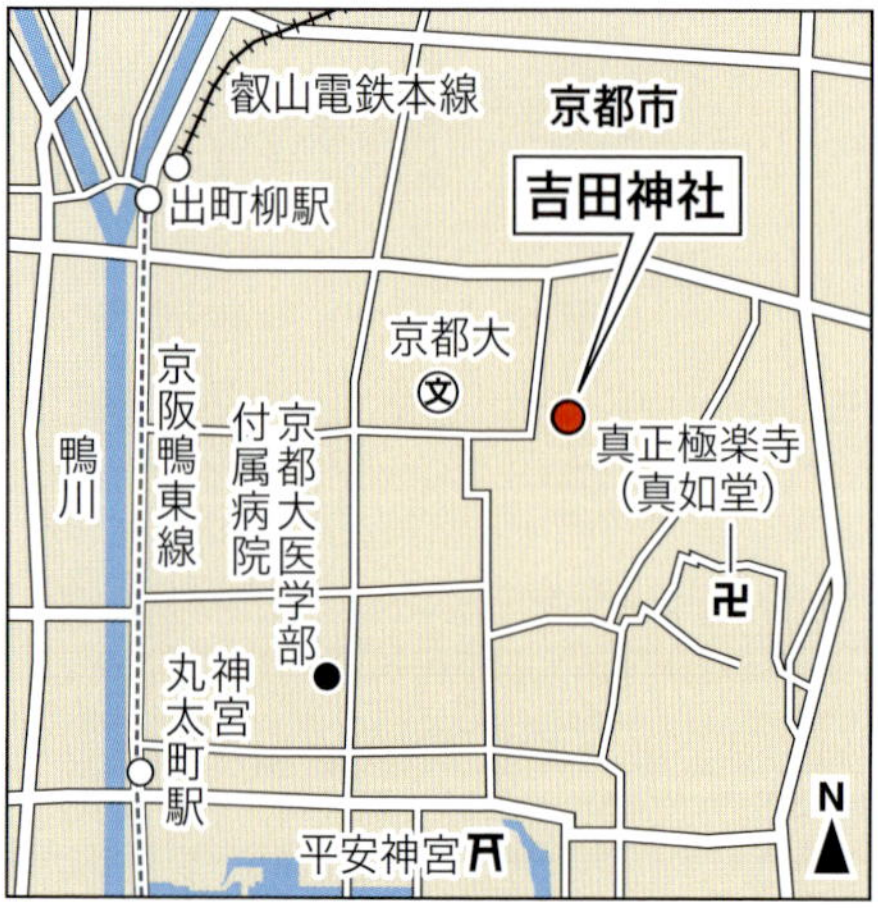

アクセス

・京阪電鉄出町柳駅から徒歩20分。京都市バス京大正門前から徒歩5分。
・車では名神高速京都東ICから20分。臨時駐車場あり。

吉田山の西麓、京都大学正門からほど近い場所にある吉田神社本殿（吉田神社提供）

境内奥にある大元宮。吉田神道の教義にある始まりの神「虚無大元尊神」を中心に、全国の神々をまつっている（吉田神社提供）

山崎の戦いで光秀が敗北した後、兼見は日記の一部を書き直すなど光秀との関わりを薄めようとしたらしい。現在の吉田神社に、石風呂など光秀との関係を思わせるものは見当たらない。

コラム

本能寺の変はなぜ起きたか

光秀はなぜ信長に対する謀反を企て、実行したのか。天正10(1582)年6月2日に起きた本能寺の変の動機は特定されておらず、日本の歴史上最大の謎の一つとされる。まず主な説を分類し列挙してみよう。

光秀単独犯説

野望説
○天下取りの野心があり、積極的に千載一遇の機会を生かした。

暴君討伐説
○比叡山焼き討ちや一揆後の殺りくなど、信長の横暴な振る舞いに憤った。

神格化阻止説
○信長が神格化されることを嫌った光秀が謀反を起こして阻止しようとした。

源平交代説
○平氏の流れをくむとする信長が源氏の室町将軍足利義昭を廃して征夷大将軍になろうとしたが、源氏の流れをくむ土岐氏出身の光秀が阻止しようとした。

土岐氏再興説
○愛宕百韻で「ときハ今(土岐は今)―」と詠んだように、土岐氏再興の思いを秘めていた。

四国説(後述)

怨恨説
○丹波・八上城攻略で光秀は母を人質として差し出し懐柔を図ったが、信長は約束を破り城主の波多野兄弟を処刑。報復に母が殺害された。
○家康饗応《きょうおう》の際のトラブル。(後述)
○重臣斎藤利三のかつての奉公先の稲葉一鉄といざこざがあり、信長に叩かれて光秀のかつらが落ちた。
○酒宴を小用で中座し、信長から折檻《せっかん》される。
○甲州・恵林寺焼き討ちに反対し、信長の逆鱗に触れる。
○甲州征伐後の発言に怒った信長から諏訪で折檻される。(後述)

○美人で名高い光秀の妻に信長が手を出そうとして果たせず、逆恨みして光秀にたびたび恥をかかせた。それに耐えかねた。

不安説

○短期間で信長家臣団の出世頭となったが、期待に沿う活躍ができなくなると他の重臣たちのように失脚しかねないと感じていた。

○ライバル視してきた秀吉に後れを取ったと感じた。（後述）

○出雲・石見を与える代わりに丹波・近江を召し上げられることになり、左遷と受け取った。

黒幕・共犯・従犯存在説

足利義昭、羽柴秀吉、徳川家康、千利休など同時代の有名人はほとんど名前が挙げられている。

主犯存在説（光秀えん罪説）

羽柴秀吉、斎藤利三、徳川家康など。

いくつかの説を組み合わせた複合説もあり、百家争鳴状態。特に怨恨説は、後世の伝記物に面白おかしく脚色して書かれているものが大半。黒幕や共犯の存在についても、証拠となる史料が提示されず、どれも推論の域を出ない。

◇

少し時間をさかのぼり、光秀の動向を時系列で追ってみよう。

前年の天正9年2月、京都で天覧馬揃えが挙行された。着飾った騎馬武者たちによる一大示威行進は、光秀が奉行として指揮した。信長の権威を天下に見せつけるだけでなく、光秀にとっても晴れの舞台となった。

翌10年正月、光秀は安土城で信長と会見。23日に坂本で吉田兼見と茶会を開いている。このころまでは順調な日々だった。

2月、光秀は信長に甲斐の武田勝頼討伐戦への参加を命じられ、3月に大軍を率いて出陣している。この武田討伐戦で大きく評価を挙げたのが、信長の嫡男信忠。総大将としての采配ぶりが信長から称賛され、配下の武将たちに多くの領地が与えられた。

一方、光秀は武田氏を滅ぼした後に諏訪で「我らが苦労した甲斐があった」と祝意を述べた。信長は「おのれは何の功があったか」と激怒。光秀の頭を欄干に打ち付けて侮辱したと、複数の伝記物に記されている。光秀にこれといった戦功がなかったことは確かで、論功行賞では低い評価となっている。

5月15日、家康が安土を訪問。信長から饗応役を命じられた光秀は、京や堺から取り寄せた美味珍味でもてなした。伝記物には、腐った魚を出し、信長から饗応役を解任されたとする逸話がある。光秀は腹立ちまぎれに肴《さかな》や器を堀に投げ棄て、その悪臭が安土の城下に充満したという。イエズス会宣教師フロイスの『日本史』には、本能寺の変後に人々に広まっていた話として、饗応に際して信長と光秀が密室でもめていたことが記されている。二人の間に何らかのトラブルがあった可能性はある。

同17日、光秀は信長から接待役を解かれ、西国出陣を命じられた。丹波平定後、光秀は織田軍の主要な戦線から遠ざかり、信長政権下での役割は軍務がなくなり政務のみへと変化していた。久々に命じられたのが、毛利攻めに当たっているライバル秀吉の応援役。秀吉の下に付くことを意味し、屈辱を感じたとしても不思議はない。

光秀はいったん坂本に戻った後、亀山に入り、27日に愛宕山に向かった。籤《くじ》を三度引き、翌28日には愛宕百韻を催した。

29日夕、わずかな手勢を連れた信長が安土から入洛し、本能寺に入った。信長の嫡男信忠も妙覚寺に滞在していた。信長配下の有力武将たちは遠隔地の戦線に出払い、この時点で京都周辺にいて軍勢を動かせるのは光秀のみだった。

再び亀山に戻った光秀は、翌1日夜に軍勢を引き連れて出陣。西国ではなく老ノ坂を東に越えて洛中を目指し、2日早朝に本能寺に達した。

◇

近年注目されているのは、四国の長宗我部元親に対する信長の外交姿勢の転換。2014（平成26）年に公開された「石谷《いしがい》家文書」（林原美術館蔵）の中の元親から利三に宛てた書状によって、長宗我部問題の経緯が明らかになってきた。

地歌舞伎で演じられる「時今也桔梗旗揚」の本能寺馬盥の場。小田春永から、馬盥で酒を飲むよう強要されるなど散々な仕打ちを受けるが、耐える武智十兵衛光秀（左）（美濃歌舞伎博物館　相生座提供）

　光秀の重臣斎藤利三が、実兄の石谷氏を通じて長宗我部氏と姻戚関係にあったことから、光秀は両者の取次役を任されてきた。信長は元親が四国を制圧することを認めていたが、天正9年に政策を急転換。阿波三好氏の再興を支援して、元親には土佐一国と阿波南部のみを領地とすると通告した。三好氏の背後には秀吉の存在があった。

　光秀は反発する元親の説得を試みたが、結局両者は断交。信長は長宗我部討伐へと大きく舵を切る。光秀は取次役としての面目を失った。翌10年5月には信長の三男信孝を大将とする討伐軍が編成され、6月3日を出発日としていた。阻止を図るため光秀が行動を起こしたとの説もある。

◇

　光秀の生年は諸説あるが、近年有力視される永正13（1516）年とすれば、天正10年には67歳。信長の天下統一は目前となり、時代は光秀を置き去りにし、歩みを速めようとしていた。信長配下で急速に力を着け、長い間トップランナーだった彼は、そのことを誰よりも痛切に感じていたことだろう。

　そして、本能寺の変は起こった。

53

愛宕神社

京都市右京区嵯峨愛宕町

光秀の足跡を巡る最難関

愛宕神社は修験道の祖とされる役小角《えんのおづの》と白山の開祖として知られる泰澄《たいちょう》によって、大宝年間（701〜704年）に創建された。全国に約900社ある愛宕神社の総本社として山城・丹波国境の愛宕山の山頂に鎮座する。愛宕山は標高924メートル、麓との高低差は約900メートルある京都市最高峰の霊山。光秀の足跡を巡る旅の最難関といっていい。

天正10（1582）年5月、光秀は信長から毛利氏と対峙する秀吉の応援を命じられ、西国へ出陣することになった。26日に坂本から亀山に移動。翌27日、亀山を出発し勝軍地蔵をまつる愛宕神社に参詣した。亀山と愛宕山を往復する登山道は、光秀が通ったことから「明智越え」と呼ばれるようになった。

1 清滝の一の鳥居をくぐり、いざ出発

2 ほどなく急な石段が待ち構える

3 参道沿いには多くの茶屋が店を構えていた。25丁目の茶屋跡

7 ついに愛宕神社本殿に到着。「愛宕大神」の額が掛かる

8 奥宮入り口に掛かる宿坊威徳院奉納の「愛宕山大権現」絵馬。嘉永元（1848）年とある。威徳院では光秀の連歌会が開かれた

6 最後に待ち構える長い石段の先に、門構えが見えてくる

5 黒門をくぐり、境内に入る

4 5合目を超えると、京都の街並みを一望できる地点もある

丹波攻めでも必勝祈願

光秀はかねてから愛宕神社を崇敬し、丹波攻めの際も戦勝祈願に訪れている。『信長公記』（太田牛一）によれば、光秀は愛宕山五坊の一つの太郎坊で、「思うところがあったのか、神前に参り二度、三度とくじを引いた」。

翌日には威徳院西坊で里村紹巴《じょうは》らと連歌会を催した。世に言う「愛宕百韻」で、光秀は「ときハ今　あめが下しる　五月哉」と発句を詠んだ。この有名な句は、謀反の決意を込めたものだとの憶測を呼んできた。

「とき」は土岐で、自身の本姓である土岐氏再興の思いを込め、「あめが下しる」は「今こそ自分が天下に下知するときだ」との意味だ、などと解釈された。後に秀吉が里村紹巴を詰問したが、紹巴は「天が下知る」はもともと「天が下なる」だったと弁明し、事なきを得たとの逸話もある。

愛宕山を下りた光秀は亀山に戻り、29日に荷を西国に向けて発送。これは偽装工作との見方が強い。信長は同日、わずかな手勢で安土城を出発して上洛、夕刻に本能寺に入った。本能寺の変へのカウントダウンが始まった。

愛宕神社の前身は修験道場として栄えた白雲寺で、愛宕権現の別名もあった。明治の神仏分離で神社となり、現在に至っている。一般的な登山ルートの清滝ルート（表参道）は約4・2キロメートルあり、片道約2時間。参拝時間も含めて往復約5時間は必要となる。

一の鳥居から山頂の神社まで50丁に分けられ、1丁ごとに目印がある。嵯峨消防団が設置した案内板は分母が40で、およそ100メートル間隔。四季の花々や下界の景色が楽しめるわけではなく、ひたすら階段や山道を登っていく。まさに修行の山であることを実感できる。

黒門から先が境内

火燧《ひうち》権現跡、茶屋跡、嵯峨水尾登山道との合流地点の「水尾分かれ」、仏事に供え物として使わ

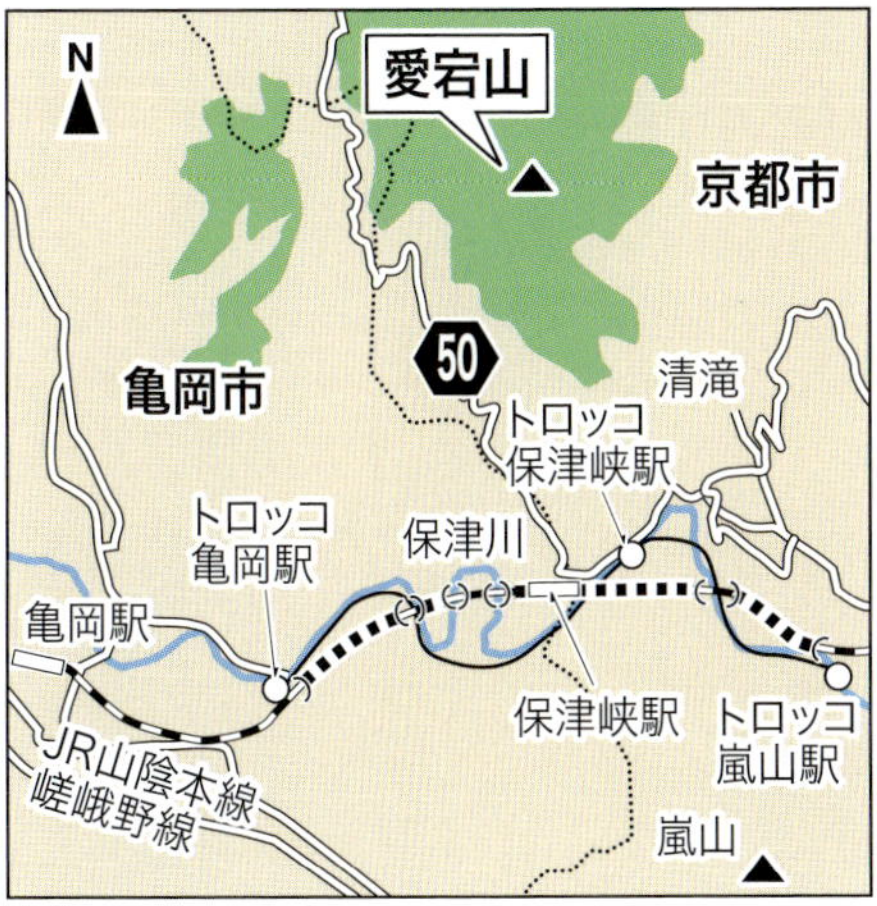

アクセス

・ＪＲ京都駅またはＪＲ嵯峨嵐山駅か京福電鉄嵐山駅から京都バスで清滝下車。
・車では名神高速京都東ＩＣから1時間、京都南ＩＣから50分。清滝登山口の有料駐車場を利用。戦前は鉄道とケーブルカーが敷かれていたが、現在は麓から徒歩で登るしかない。ハイキングの軽装ではなく登山靴などの装備が必要。

メモ

愛宕神社は京都市民から「愛宕さん」と親しみを込めて呼ばれ、火難除けに霊験のある神社として知られる。「火迺要慎《ひのようじん》」と書かれた火伏札は、京都や大阪の各家庭の台所や飲食店の厨房に貼られてきた。３歳までに愛宕神社に参拝すると一生火難にあわないとされ、子連れで山道を登る人も少なくない。

れる樒《しきみ》を売る「ハナ売り場」などを経て、ようやく神社入り口の門に到達する。かつての白雲寺の遺構で、黒門と呼ばれている。ここから先が境内で、宿坊が並んでいたが現存しない。

さらに４００メートルほど歩くと本殿に通じる階段があり、登り切るとようやく本殿に到着する。山麓との温度差は10℃もあるといい、訪れた4月半ばには、本殿脇に雪が残っていた。

参拝後は、月輪寺を経由するルートをたどってみよう。鎌倉期の創建で空也や法然ゆかりの古刹。本殿からは尾根道を経て約30分の道程。その後1時間ほどで登山口の清滝に帰り着く。

54

老ノ坂

京都府亀岡市篠町王子、京都市西京区大枝沓掛町

西国か洛中かの分かれ道

愛宕山から丹波亀山に戻った光秀は、明智秀満、斎藤利三ら重臣5、6人に信長を討つことを打ち明けた。そして1万3千の軍勢を引き連れ、亀山城を出発した。天正10（1582）年6月1日。新月の夜。暗闇の中の行軍だった。

信長から命じられていたのは、西国の備中で毛利軍と対峙する秀吉への援軍。本来のルートは西にある「三草越《みくさごえ》」だが、馬首を東に向けて山陰道（丹波街道）を逆進。丹波と洛中（山城）を隔てる老ノ坂まで来た。

三隊に分かれて進軍か

老ノ坂は、京都府西京区と亀岡市の境に位置する標高480メートルの大枝山《おおえやま》付近にある。万葉集では大江山と称され、大江の坂が老ノ坂に転じたとされる。源頼光と四天王が、大枝山を拠点に平安京を荒らしまわる酒《しゅ》呑童子《てんどうじ》と鬼たちを退治した伝説が残る。峠の東側には、童子の首をまつったという首塚大明神がある。

1960年代に現在の京都霊園などを造成する際、地形が大規模に改変されたという。この

両側は竹薮や雑木林の切通し。老ノ坂はこの辺りかと思わせる

ため旧峠の位置や前後の道ははっきりしなくなり、一帯を老ノ坂として認識したほうがよさそうだ。

「老ノ坂越《ごえ》」ではなく、山陰道と並行して北側を通る細い脇道で「唐櫃《からと》越」を通過したとする説もある。また、さらに北の保津から「明智越」を通って水尾へ抜けるルートを含めて、三隊に分かれて進軍したとの説もある。1万3千の兵が狭い老ノ坂を通ったと考えるより、説得力のある話ではある。

軍装を整え本能寺へ

松明《たいまつ》を灯して老ノ坂峠を越えた軍勢は、麓の沓掛に着いて小休止。兵糧で腹ごしらえした。こ

切通しに向かう手前の民家付近には、「愛宕山」の石灯籠が建っている

メモ

「敵は本能寺にあり」。有名なこの言葉が、桂川を渡り終えて発せられたとするのは、いわゆる伝記物の『明智軍記』。頼山陽の漢詩「本能寺」で広く知られ、後世の小説や映画で必ずと言っていいほど使われるようになった。頼山陽は七言律詩を次のように結んでいる。「敵在備中汝能備」（敵は備中にあり　なんじよく備えよ）

こが最後の分かれ道。右は大山崎から摂津を経て西国街道へ、左は山陰道で洛中へ。光秀は馬首を左の道へと向けた。

不穏な動きと感じ始めた兵たちに対して、「西国出陣の軍装を信長に検閲してもらうため入京する」と伝えたという。さらに内通者を恐れて家臣の天野源右衛門を先発させ、不審者を発見したら切り捨てよと命じた。

日付が替わるころ、全軍は桂川の西岸に集結。軍装を整え、銃の火縄に点火して火挟みに挟んだまま渡河した。対岸に渡り終えたころには夜が明けていた。そして、本能寺へ。歴史の転回点へとなだれ込む。

首塚大明神の手前にある「従是東山城国」の道標。これより東は山城国

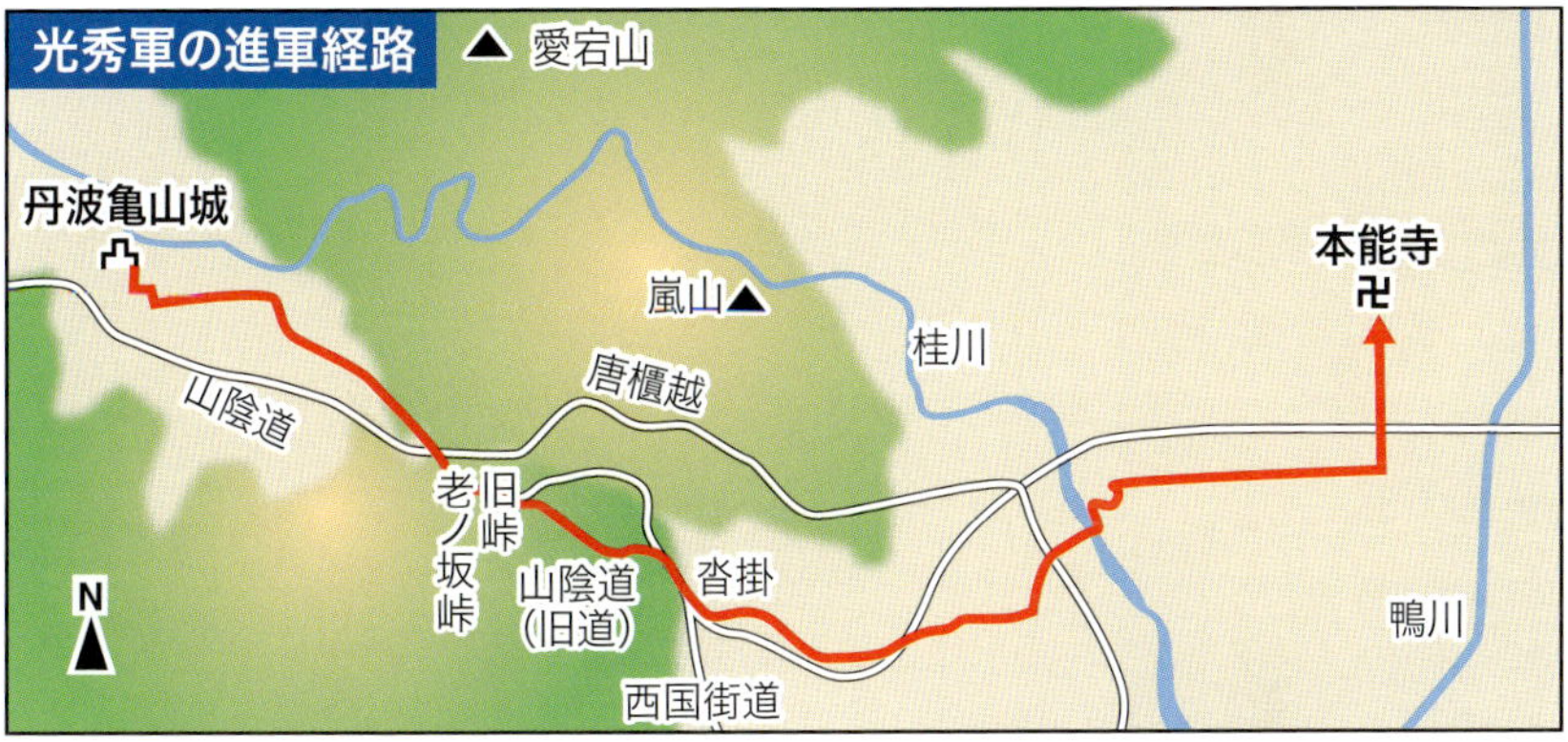

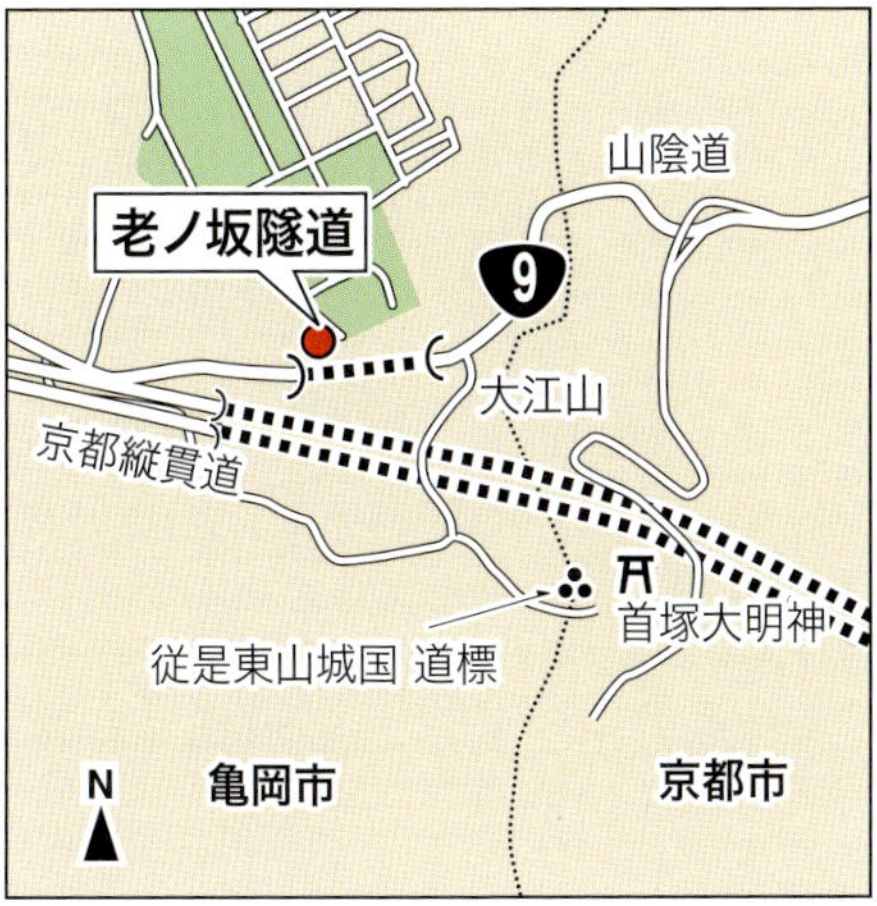

アクセス

・京阪京都交通バスの京都駅と桂駅東口－亀岡駅を結ぶ1、2系統で老ノ坂峠下車、徒歩2分。または峠西口下車、徒歩10分。

・車で京都方面からは京都縦貫道（国道478号）沓掛ＩＣで降り、山陰道（国道9号）老ノ坂トンネル手前を左折する。分かりにくいので注意。付近に駐車場はない。

55

本能寺跡

京都市中京区小川蛸薬師元本能寺町

歴史を変えた早朝の急襲

天正10(1582)年6月2日早朝、光秀の軍勢は信長の滞在する本能寺を急襲。寝込みを襲われた信長は、寺に火を放ち自害した。この「本能寺の変」により、目前だった信長の天下統一は潰《つい》え、その後の日本の歴史を大きく変えた。後継者の嫡男信忠も同時に死亡したことで、信長に代わって光秀が天下人となった。

前日、信長は公家や僧侶たちの訪問を受けて茶会を催した。夕方には宴会となり、訪れた信忠や村井貞勝と酒を酌み交わして歓談。信忠は深夜、宿所の妙覚寺に帰っていった。

別伝ではその後、信長は僧侶で棋士の本因坊算砂と利玄の囲碁対局を観戦。滅多にない「三《さん》劫《こう》」が現れたという。将棋の千日手のように不吉なこととされ、翌日の非業の死を予見させたと、まことしやかに語られている。

明け方、騒がしさに目を覚ました信長は、ときの声や鉄砲音で異変を知った。「謀反か、誰の企てか」と近習に尋ね、駆け付けた森蘭丸から光秀の軍勢と知ると、「是非に及ばず」と後世に

蛸薬師通と小川通の交わったところにある「此附近　本能寺址」の石柱。旧本能寺は右手の蛸薬師通を挟んだ北側にあったと考えられている

残る一言を発したという。

信長自身も弓や槍を手にして、小姓たちとともに抵抗を試みた。まもなく傷を負い、建物の中に入って火をかけ、「女たちは苦しからず出よ」と逃した。

やがて全体に火が回り、信長は納戸の戸を中から閉めて腹を切った。49年の生涯だった。大勢は午前8時ころまでに決し、蘭丸・坊丸・力丸の森三兄弟をはじめ信長方は50人以上が討ち死にした。

毛髪も残さず塵と灰に

信忠は、光秀の本能寺襲撃の一報を妙覚寺で受けた。すぐに手兵を率いて本能寺に向かおうとしたが、光秀方に阻まれ近付

油小路通沿いに建てられたもう一つの石碑。本能寺跡の説明板が埋め込まれている

けない。駆け付けた京都所司代・村井貞勝の進言に従い、二条新御所に移った。陣頭で奮戦したが、家臣に介錯《かいしゃく》を務めさせ自刃。26歳だった。

ここでも多数の死者が出たが、その中にはかつて光秀とともに京都の政務を執った村井貞勝と息子二人の名もあった。現在、新御所跡地の同区二条殿町には「此附近　二条城址《あと》」の碑がある。

焼け落ちた本能寺から信長の遺体は見当たらず、その後の捜索でもついに発見されなかった。このこともまた、日本史上のミステリーとされる。宣教師フロイスは、「毛髪も残さず塵《ちり》と灰に帰した」と書いている。信忠の遺体も同様に見つからずじまいだった。

信長父子の首を天下に晒《さら》せなかったことが、後の光秀の運命を変えた可能性はあるのだろうか。

一帯から遺構や焼け瓦

現在、京都市役所の向かいにある本能寺（中京区下本能寺前町）は、後に秀吉が移転、再建させたもの。元々の本能寺はそこから西へ約2キロメートル離れた旧本能小学校の辺りにあったと推定されてきた。

小学校跡は特別養護老人ホームなどになり、敷地の北東角に「此附近　本能寺址」の石柱が建つ。近年、由来を記した「本能寺

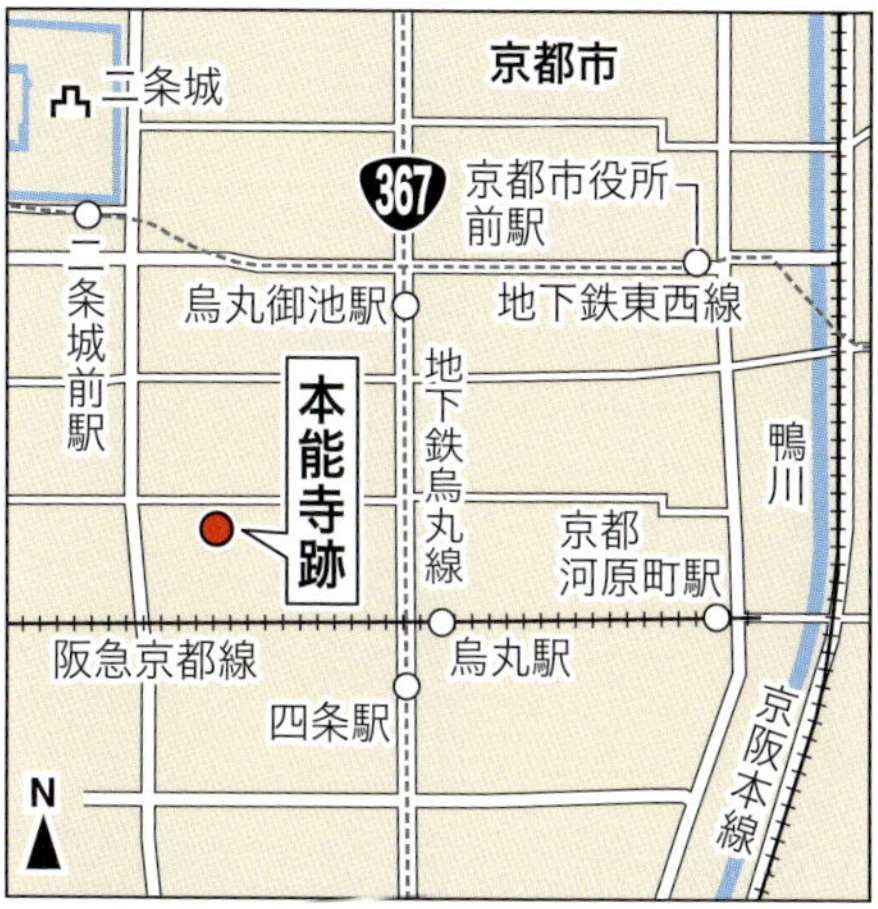

アクセス

・京福嵐山線四条大宮、市営地下鉄烏丸線四条、市営地下鉄東西線烏丸御池から徒歩約10分。JR京都駅から市バス堀川蛸薬師下車徒歩5分または四条西洞院下車10分。
・車では、付近にわずかにあるコインパーキング利用。

跡」の石碑が西側の消防分団前に建てられた。本能寺の「能」の字は、「䏻」になっており、「度重なって焼き討ちに遭っているため、ヒ（火）を嫌い「䏻」の字に替えた」としている。

旧本能寺跡から東北東へ約1.7kmの距離にある現在の本能寺。ビルやアーケード街に囲まれた境内には信長公廟が建つ

近年の発掘調査では、小学校跡より北側の一帯から石垣などの遺構や大量の焼け瓦、「䏻」の字が描かれた丸瓦などが確認されている。

メモ

「人間五十年　下天の内を比ぶれば　夢まぼろしの如くなり」。信長は幸若舞《こうわかまい》「敦盛」を好み、桶狭間の戦いの前に謡《うた》い舞ったとされる。本能寺の炎の中でも「敦盛」を舞ったというが、軍記物にも出てこない。黒澤明監督の映画「影武者」（1980年公開）の１シーンで、その後の映画やドラマの定番となった。

56

山崎

京都府大山崎町、長岡京市一帯

準備遅れ劣勢のまま開戦

天正10（1582）年6月2日、本能寺で信長が討たれたとの報せは、畿内を離れ各地で戦っていた配下の武将たちにもたらされた。備中高松城（岡山市）で毛利攻めに当たっていた秀吉の元に届いたのは、2日後。光秀が毛利方に送った密使を捕らえたことで知ったという。秀吉は城主清水宗治の切腹を条件に、毛利氏と和睦。6日に出発し、京を目指して山陽道、西国街道を東進した。世に言う「中国大返し」である。

その迅速さから、秀吉は本能寺の変を事前に知っていたとの見方がある。軍師の黒田官兵衛が、配下に畿内情勢や光秀の動向を監視させ、有事の際は急報するシステムを敷いていたという。それを発展させたのが、秀吉黒幕説。秀吉は信長の存在が邪魔になり、光秀と共謀し決起に導いたとする。だが共謀の痕跡は見出せない。

光秀は信長の居城だった安土城を攻め、5日までに制圧。貯蔵されていた金銀を家来や味方に分け与えた。信長に従っていた近江の国衆たちは、安土から信長の側室や子女たちを日野に避難させた蒲生賢秀・氏郷父子を除き次々に光秀方についた。

7日、安土城で朝廷の勅使で友人の吉田兼見と会見。安土城

天王山中腹の旗立松展望台から山崎の戦いの行われた一帯を見下ろす。中央の山崎ＪＣＴ付近で両軍が激突した＝京都府大山崎町大山崎

を明智秀満に任せ、8日に摂津へ向けて安土を出陣、9日には入洛し、兼見宅でくつろいだ。

秀吉、大軍率い大返し

この日、光秀は丹後の細川藤孝・忠興父子に書状を送っている。藤孝は長年の盟友であり、忠興には娘の玉(後のガラシャ)を嫁がせている。当然、細川父子が味方に付くことを期待したが、父子は信長の菩提を弔うとして出家。忠興は玉を義絶して幽閉した。

多数派工作を急ぐ光秀は、態度の曖昧な大和の筒井順慶に出陣を求め、10日には自ら洞ヶ峠(大阪府枚方市)まで出向いた。しかし順慶は、いったん光秀の加勢に向かわせた軍勢を撤退させた。あてにしていた彼らの動向が、天下分け目の戦いの大勢を決したと言っていいだろう。

　宿縁のライバル秀吉の大返しを光秀が知ったのは、10日ごろとされる。情報戦において、秀吉に相当な後れを取っていたことになる。有能な戦略家の光秀にしては周到な準備を欠き、突発的な天下取りだったことの傍証になるだろうか。

　大軍を率いた秀吉は、９日に姫路を出て11日朝には尼崎に到着。備中高松城からの約１３５キロメートルを５日間で踏破した。さらに池田恒興、高山右近ら畿内の武将たちを味方に付け、12日には信長の三男信孝、丹羽長秀らと合流した。

　対する光秀は12日には軍勢を山城、摂津の境へと進め、狭隘《あい》な地形を利用して秀吉軍の山城盆地侵入を食い止める布陣を取った。光秀が勝竜寺城の南西に本陣を構えたのに対して、秀吉は当日夜、天王山を押さえてその南西を本陣とした。

光秀が本陣を置いた「御坊塚」候補地の境野１号墳＝大山崎町下植野宮脇

小泉川を挟んで激突

　戦いの火ぶたが切られたのは13日午後４時ごろ、山城盆地南側の山崎付近（京都府大

「御坊塚」は恵解山古墳とする説が有力となっている＝長岡京市勝竜寺久貝

山崎町）。降りしきる雨の中、4万近くまで膨らんだ秀吉軍と1万5、6千の光秀軍が、淀川にそそぐ小泉川（旧円明寺川）を挟んで激突した。

京都第２外環状道高架下に建つ「天下分け目の天王山　山崎合戦古戦場」の石碑。大山崎中学校正門横にあったが、天王山を望む天王山夢ほたる公園内に移された＝大山崎町円明寺松田

「山崎の戦い」「山崎合戦」「天王山の戦い」などと後世に呼ばれる合戦は、序盤こそ光秀軍が奮戦し、やや優勢だった。すぐに数で圧倒する秀吉軍が盛り返し、逆転。明智軍は総崩れとなり、秀吉の一方的な勝利に終わった。

光秀は本陣背後の勝竜寺城に一時退去。夜陰に乗じてわずかな手勢を伴い、近江の坂本城を目指して逃れていった。

一行は桃山丘陵を越えた小栗栖（京都市伏見区）付近で村人の襲撃を受けた。光秀は竹やりで深手を負い、乱世の戦いに明け暮れた生涯に自ら終止符を打った。本能寺の変からわずか12日目のことだった。

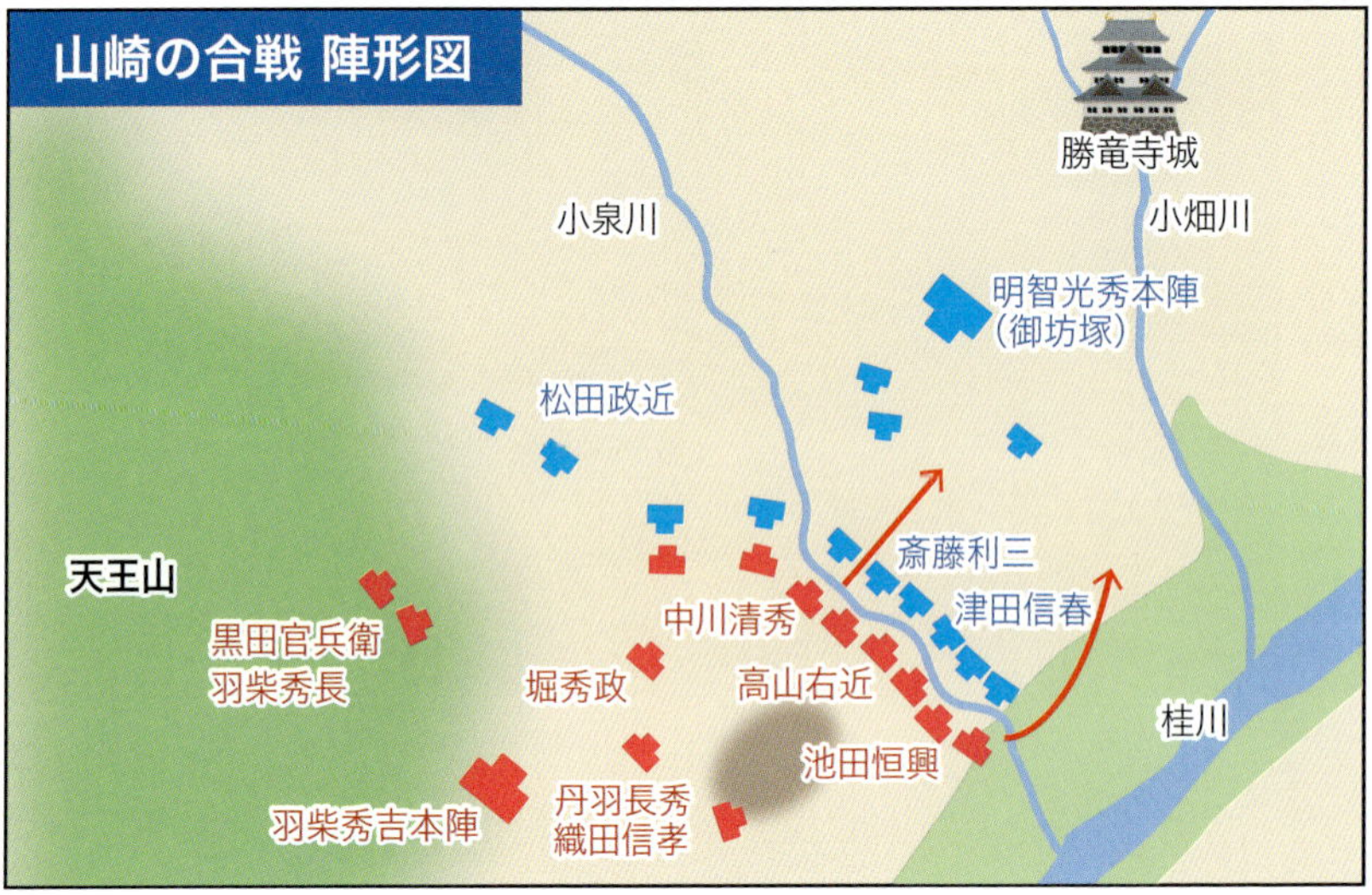

メモ

両軍が押さえようとした天王山(標高270m)は、丹波山地の南東端にあり、大阪平野から京都盆地に入る要衝。山頂には古くから何度も城が築かれた。現在の山崎城跡は秀吉が山崎の戦い後に築城し、天下統一の出発点となった。光秀が本陣を置いた「御坊塚」は、境野古墳群の境野1号墳と恵解山《いげのやま》古墳の2説がある。

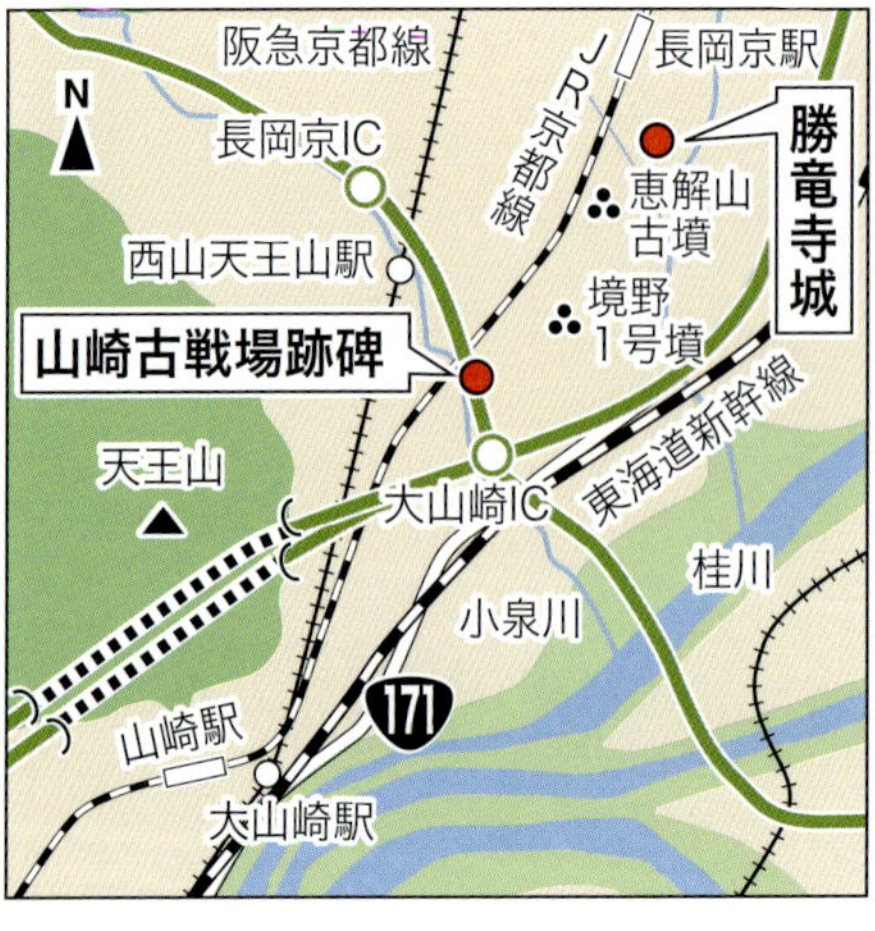

アクセス

・境野1号墳は阪急京都線西山天王山駅から徒歩10分、恵解山古墳は同15分。「山崎合戦古戦場」碑は同12分。
・天王山山頂はJR京都線山崎駅または阪急大山崎駅から徒歩60分。
・車では名神高速大山崎ICから国道171号経由。山崎駅周辺に有料駐車場あり。

57

勝竜寺城

京都府長岡京市勝竜寺

忠興・ガラシャゆかりの城

本丸跡を囲む水掘に石橋が架かり、模擬櫓などのある
勝竜寺城公園として整備されている

山崎の戦いでの敗北が決定的となり、光秀は戦線後方にある勝竜寺城に退却した。秀吉軍の追撃を受け、光秀は坂本城へ逃走する途中で自死。翌日、秀吉が勝竜寺城に入城している。

勝竜寺城は細川忠興・ガラシャ夫妻ゆかりの城としても有名。天正6（1578）年、藤孝の嫡男忠興と光秀の娘玉（ガラシャ）が同城で挙式し、新婚時代を過ごしたとされる。

藤孝は天正8年に丹後に移り、その後、京都守護代村井貞勝の家臣が城主となったが、翌10年、本能寺の変によって光秀の属城となっていた。

平成に入り本丸や沼田丸跡が勝竜寺城公園として整備され、模擬櫓《やぐら》などが建造された。往時の遺構として北門に石垣の一部が残る。

アクセス

・JR京都線長岡京駅から徒歩10分。
・車では名神高速大山崎IC、京都縦貫道長岡京ICから6分。勝竜寺城公園に数台の無料駐車場あり。

（地図は前項「山崎」参照）

58

明智藪

京都市伏見区小栗栖小阪町

竹林の中、あっけない最期

山崎の戦いで羽柴秀吉に敗れた光秀は、勝竜寺城（京都府長岡京市）へ退却した後、6月13日夜に本拠地の坂本城（滋賀県大津市）を目指して出発した。従ったのは近臣ら数名。途中、山城国の小栗栖周辺で落ち武者狩りの農民らに竹やりで襲われて深手を負い、自刃したとされる。信長を倒した本能寺の変から、わずか12日目のことだった。

京都市東部に位置する伏見区小栗栖。小栗栖街道を北に折れて住宅地の細い坂道をたどるように上っていくと、本経寺の裏手の竹林に出る。すぐ手前に明智藪《やぶ》の石碑と、その由来を記した石板があった。

コンクリート塀横の狭い道を少し進むと、乱雑に茂った竹林に狭い空き地のような場所があり、「明智薮　明智光秀が討たれたといわれる場所」と書いた木札が立てられていた。

「明智薮」と書かれた真新しい木製の案内板

数カ月後に訪れた際は竹林が削られて明るくなり、真新しい木札が立てられて趣が変わっていた。

明智藪の由来を記した石板（平成3年、京都洛東ライオンズクラブ建立）には「信長の近臣小

本経寺裏手の狭い道沿いに建つ明智藪の石碑と由来を記した石板

本経寺境内に建つ「明智日向守光秀公供養塔」

アクセス

・京都市営地下鉄東西線石田または醍醐下車徒歩15分。京阪バス小栗栖下車徒歩５分。

栗栖館の武士集団飯田一党の襲撃された」とある。落武者狩りの農民ではなく、信長配下の武士による殺害説を採っている。

　現在、一帯は本経寺の寺領となっており、本堂左手には「明智日向守光秀公供養塔」と「明智光秀終焉の地」説明板もある。

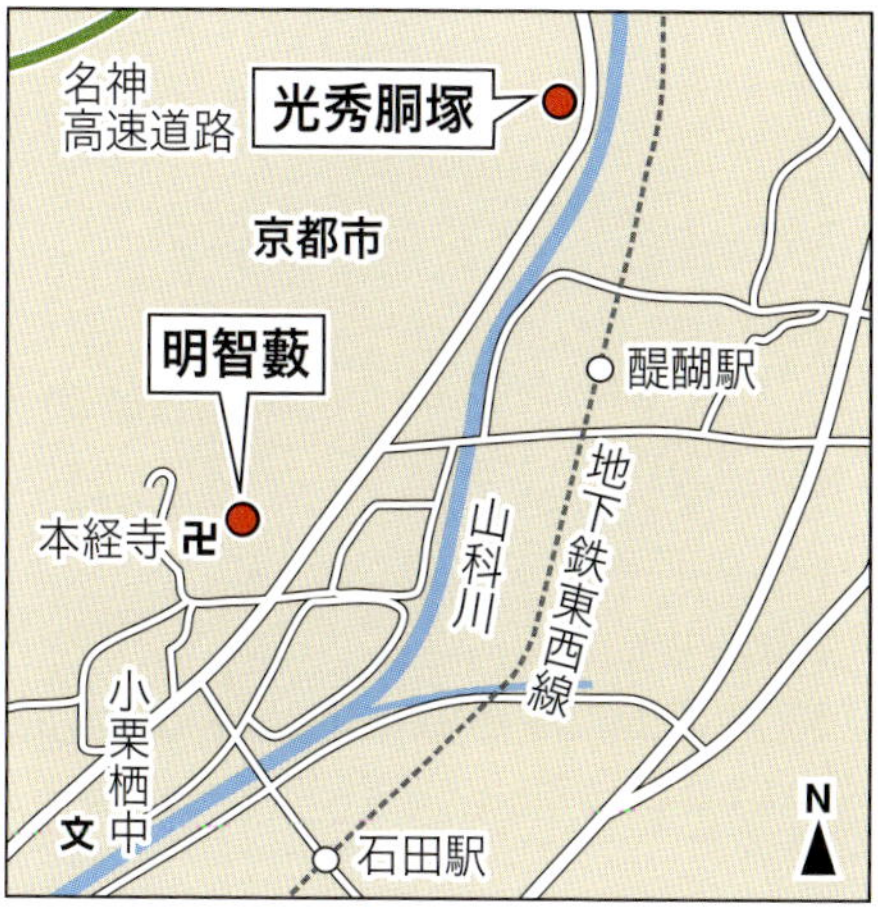

59

光秀の胴塚と首塚

胴塚…京都市山科区勧修寺御所内町
首塚…京都市東山区梅宮町

運ばれ埋められた胴と首

　明智藪《やぶ》から坂道を下って小栗栖街道に戻り、北東方向に約1・5キロメートル。街道脇に「明智光秀之塚」がある。歩道からはブロックの囲いと植え込みに隠れて見過ごしやすい。近隣住民に聞いてもその存在を知らず、関係のない寺を教えられるほど。

　ここは「明智藪」で自刃した光秀の遺体を埋葬した「胴塚」とされている。介錯《かいしゃく》した家臣の溝尾茂朝（庄兵衛）によって、胴体はここに埋められたと伝えられる。

　知恩院に近い祇園白川の左岸にある和菓子店の横に「東梅宮　明智光秀墳」と書かれた石柱が建っている。路地を少し入ると祠《ほこら》があり、額に「奉納　光秀公」とある。祠には木造の光秀像が納められ、脇に立つ石の五輪塔が光秀の首塚として知られている。左手の墓石は、明治36（1903）年に歌舞伎役者の市川團蔵によって建てられた。團蔵は「時今也桔梗旗揚《ときはいまききょうのはたあげ》」（馬盥《ばだらい》の光秀）の武智光秀を当たり役としていた。

「光秀公」の扁額のかかる祠に光秀像が納められ、右手の五輪塔が首塚とされる

　京都市が立てた案内板によれば、光秀の首は家臣の手で隠さ

れたが、その後発見され、三条粟田口の刑場に運ばれてさらされたという。

　その後、首は現在の蹴上（西小物座町）あたりに、他の将兵の首とともに埋められたとされる。江戸中期、光秀の子孫と称する能楽笛奏者の明田利右衛門が、その場所にあった石塔を譲り受けて自宅近くにまつった。さらに明治維新後に現在地に移ったという。

　首塚は他に谷性《こくしょう》寺（京都府亀岡市）や盛林寺（同宮津市）にもある。粟田口に近いこの東山区梅宮の首塚が最有力、との見方がある。

メモ

首塚を代々守ってきたという和菓子店「餅寅」の「光秀饅頭」は、１９８９（平成元）年放送のＮＨＫ大河ドラマ「春日局」を機に発売された。京風白味噌あん、粒あんの二種類があり、明智家の桔梗紋が刻印されている。

「明智光秀之塚」と書かれた石碑の建つ胴塚

アクセス

・胴塚は京都市営地下鉄東西線小野から徒歩 10 分。首塚は同線東山から徒歩５分、または市バス神宮道から徒歩３分。

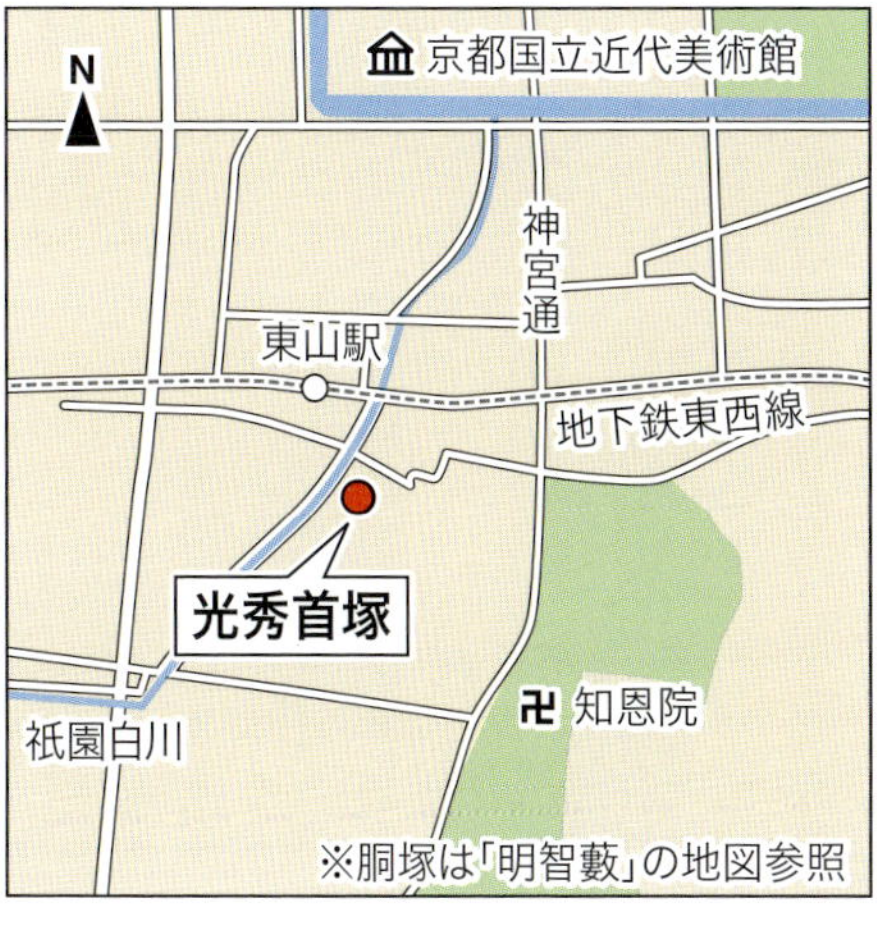

60

妙心寺

京都市右京区花園妙心寺町

光秀との関わりが随所に

光秀の家老筆頭格の斎藤利三は、美濃守護代を務めた斎藤氏の一族である。光秀のいとことする説もあるがはっきりしない。光秀の右腕だったことは確かで、信長討伐の決意を聞いて懸命に止めようとしたともいわれる。本能寺の変を決行した中心人物との説もある。

山崎の戦いで明智軍が敗北した後、利三は堅田（滋賀県大津市）で捕らえられ、洛中引き回しの後、六条河原で斬首された。利三の墓は、次項で取り上げる真如堂のほか、京都西北の大寺・妙心寺の塔頭・智勝院にもある。

智勝院は西美濃三人衆の一人稲葉一鉄の菩提寺。利三は一鉄の家臣だったが、その後もめごとがあり、光秀の家臣となった。智勝院の南隣の麟祥院は、利三の娘春日局の菩提寺。親子の墓所が隣合わせの塔頭にある。

妙心寺では、他にも光秀との関連が見つけられる。南門を入った右手には「明智風呂」と呼ばれる浴室の建物がある。天正15（1587）年、塔頭太嶺院（廃寺）の密宗和尚が、光秀の菩提を弔うために創建した。光秀が好んだという蒸し風呂。また、仏殿内部には光秀の位牌が安置されている。

妙心寺は臨済宗妙心寺派の大本山。開山に招かれた鎌倉末期の僧慧玄《えげん》は、美濃の伊深（美濃加茂市）で修行していた。現在、全国に約3400ある妙心寺派寺院のうち530ほどは岐阜県にある。

妙心寺は、光秀の出自とされる美濃と因縁浅からぬ寺だった。

智勝院の墓地にある斎藤利三夫妻の大小五輪塔の塔墓

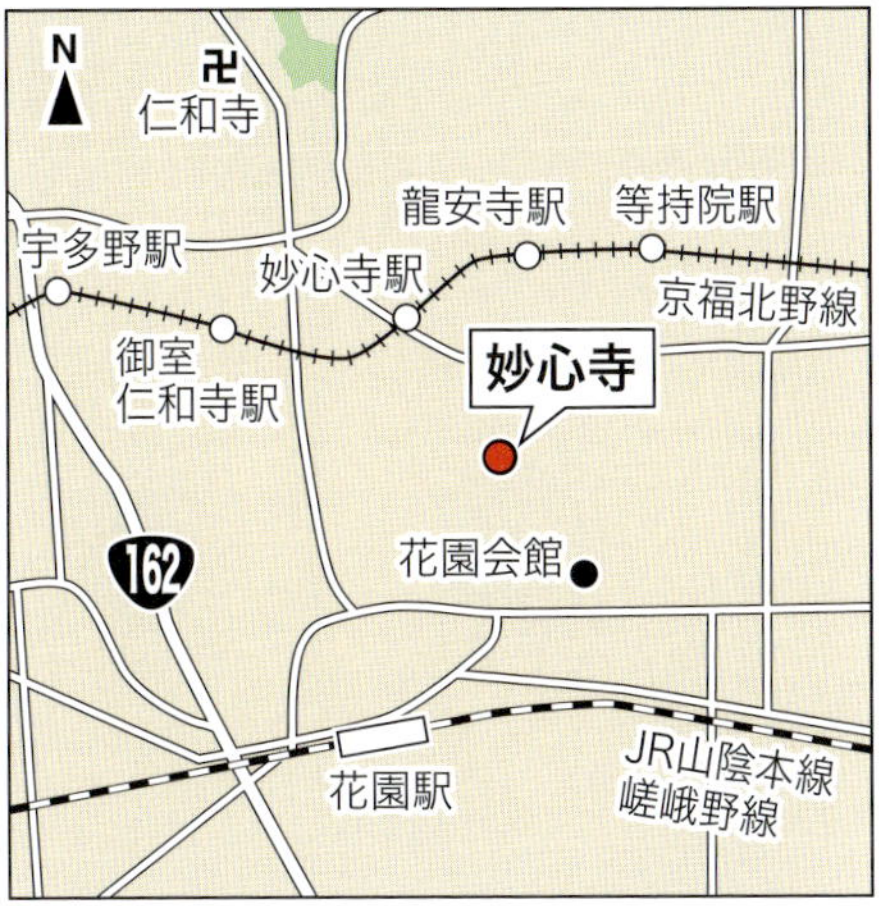

アクセス

・ＪＲ嵯峨野線花園駅下車、南門まで徒歩５分。ＪＲ京都駅から市営バス26系統で40分、妙心寺北門前下車、北門へ徒歩２分。阪急西院駅、京阪三条駅、四条河原町などから市営、京都、ＪＲの各路線バスで妙心寺前下車、南門へ徒歩４分。
・駐車場は東側に80台分あり参拝者は無料。

門前に「春日局菩提寺」の石碑が建つ麟祥院

妙心寺の南門を入った東側にある浴室。「明智風呂」と呼ばれる

61

真正極楽寺（真如堂）

京都市左京区浄土寺真如町

斎藤利三と親友の墓並ぶ

斎藤利三のもう一つの墓所は、洛東の真如堂にある。六条河原で処刑され、本能寺でさらされていた首を、親交の深かった絵師の海北友松《かいほうゆうしょう》が奪取。真如堂に持ち帰って手厚く埋葬したと伝えられる。

真如堂は永観2（984）年に創建された天台宗の古刹・真正極楽寺の通称。桜や〝散り紅葉〟の名所として知られ、住宅街の中に閑静にたたずむ。今も墓地には利三の墓がある。

友松の父は、信長に滅ぼされた北近江の戦国大名浅井氏の重臣。父の戦死後に友松は禅寺に入ったが、その後狩野派の門をたたき、桃山画壇を代表する絵師となった。細川藤孝、里村紹巴《じょうは》ら光秀周辺の当代一流の人々とも交友があった。

利三の首を持ち帰る際、友松と行動を共にしたとされるのが、僧で茶人の東陽坊長盛《ちょうせい》。当時は真如堂の塔頭《たっちゅう》東陽坊の住職だった。千利休から茶を学び、薄茶の先達として知られる。真如堂の墓地には利三と友松の墓が並び、近くに長盛の墓もある。

また本堂の南側には、石柱で囲まれた「たてかわ桜」がある。徳川三代将軍家光の乳母である春日局が、父利三の菩提を弔うために植えたとされる。春日局は友松の息子で没落していた友雪を引き立て、画壇での海北派の再興を支えた。

「たてかわ桜」は伊勢湾台風の際に折れて枯死寸前だったが、接ぎ木でよみがえり、白く小粒の花を咲かせるようになった。水上勉は小説『櫻守』に、

「斎藤内蔵介利三墓」と刻まれた墓（中央）の右隣にある五輪塔が海北友松の墓

アクセス

・JR京都駅から市バス5、17、100系統で40分、錦林車庫前下車徒歩8分。阪急の四条河原町、京阪の祇園四条、三条、三条京阪、出町柳、地下鉄の烏丸丸太町の各駅からも市バスで錦林車庫前下車。

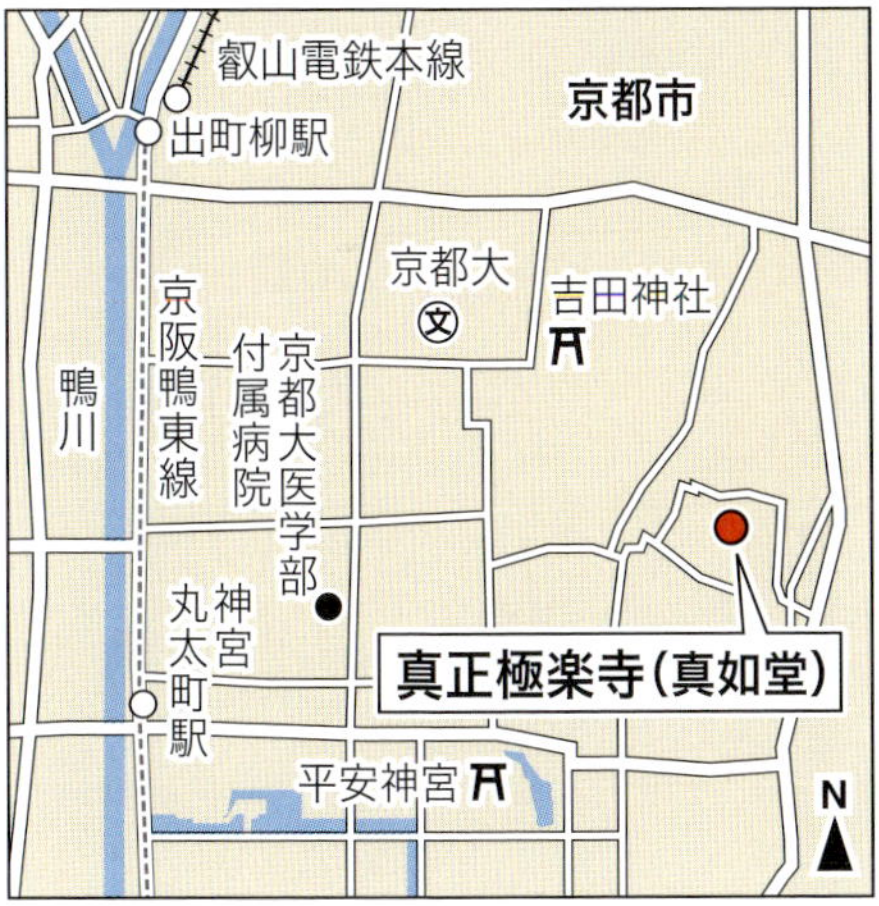

「なんと、この若い継ぎ苗の花のいじらしかったことだろう」と書いている。

メモ

真如堂には国宝、重文を含む建造物や文化財が数多い。陰陽師の安倍晴明ゆかりの寺でもある。本堂前の箱型モニュメントには、「京都映画誕生の碑」と刻まれている。撮影と上映の複合機シネマトグラフを模したもので、日本最初の本格的劇映画「本能寺合戦」は、1908（明治41）年にマキノ省三が真如堂境内で撮影した。

コラム

光秀は南光坊天海か

光秀は山崎の戦い後に小栗栖で死んでおらず、後に天海となった―。一部で語られている「光秀＝天海説」だ。にわかに信じ難いこの説は、いつからあり、根拠となる史料は存在するのだろうか。

◇

天海とは、江戸初期の天台宗の僧。徳川家康に重用され、秀忠、家光まで3代の将軍のもとで政務にも関与した。豊臣家攻撃の口実となった「国家安康」の方広寺鐘銘事件の黒幕とされる。家康から日光山を授けられ再興し、秀忠の命で上野に東叡山寛永寺を創建した。寛永20（1643）年に死去。超長寿の108歳だったともいわれる。

天海の出自や前半生に関する史料がほとんどないことが、光秀同一人物説が語られる背景となっている。

根拠として挙げられているものを列挙する。

▼比叡山の石灯籠に「奉寄進　願主光秀　慶長二十年二月十七日」と刻まれている。慶長20（1615）年は大坂夏の陣で豊臣氏が滅んだ年。

▼天海は死後に慈眼の大師号を贈られたが、同じ寺名の京都・慈眼寺には光秀の坐像や位牌《いはい》がまつられている。

▼日光に明智平という地名があり、天海が命名したと伝えられている。

▼日光には陽明門前の鐘楼などに光秀の家紋の桔梗紋が使われている。

いずれも状況証拠にはなり得ても、直接的な証拠とは言い難い。

寛永寺境内の清水観音堂裏にある「天海僧正毛髪塔」。毛髪を納めた宝塔で、天海の没した本覚院の跡に建っている＝東京都台東区上野公園（著者撮影）

天正10（1582）年に死んだ光秀と、天海の没年との差は61年。光秀の出生年ははっきりしないが、有力とされる享禄元（1528）年説に立てば、光秀＝天海は115、6歳で死んだことになる。さすがに無理がある年齢だ。

◇

光秀＝天海説を取り上げた書物として挙げられるのは、須藤南翠《なんすい》（光暉）の『大僧正天海』（1916年）。南翠は新聞記者・作家として知られ、明治から大正にかけて多数の著作を残した。同書では、光秀が天海となり豊臣家を滅ぼして恨みを晴らそうとしたとの奇説を、最近一部の考証家が唱えているとする。その後、現在までに数々の小説などで取り上げられている。

英雄転生伝説で有名なのは、「源義経＝チンギス・ハーン説」。それに比べて、光秀＝天海説がさほど広まっていないのは、なぜだろうか。モンゴルの大草原を駆け抜けたチンギス・ハーンに対して、徳川政権の黒幕的存在で政僧、怪僧といったイメージが強い天海。ロマンを感じさせないからだろう。

結局、天海＝光秀説の史料は確認されておらず、いつ語られるようになったかも不明。光秀に対する庶民感情の一端を知ることはできても、説の成立する可能性はなさそうだ。

光秀関連略年表

和暦と西暦	年月	事柄
大永8年　1528		光秀誕生（『明智軍記』）※諸説あり
享禄元年　〃	8月	改元
弘治2年　1556		斎藤道三、長良川合戦で義龍と戦い死亡。この後、明智城が落城し光秀は脱出
永禄9年　1566		この年10月20日以前に光秀が近江・田中城に籠城して活動していた？（『針薬方』奥書）
永禄10年　1567	8月	信長、稲葉山城を攻略し斎藤龍興を追放。城下の井ノ口を岐阜と改称し、本拠地とする
		このころまでに、朝倉義景を頼って越前に滞在していた足利義昭の足軽衆となる
永禄11年　1568	7月	足利義昭、越前一乗谷から美濃へ。細川藤孝、光秀も同行。立政寺で信長と対面
	9月	信長、義昭を奉じて上洛。光秀も帯同。義昭15代将軍となる
	11月	光秀、明院良政、細川藤孝、里村紹巴らと連歌会に参加（光秀連歌の初見）
永禄12年　1569	1月	三好三人衆が本圀寺の義昭を襲撃。光秀、藤孝が防戦
	4月	光秀、羽柴秀吉らと連署状（光秀発給文書の初見）
	10月	信長と義昭不和
		この年、光秀の子自然丸誕生か
永禄13年　1570	1月	信長、5カ条を義昭に承認させる
	4月20日	織田・徳川連合軍、朝倉氏討伐に出陣
元亀元年　〃	4月23日	改元
	4月	光秀は若狭攻め先遣隊として熊川に着陣

元亀元年　1570	4月28日	金ヶ崎の退き口で秀吉としんがりを務める ※諸説あり
	6月	近江姉川の合戦
	9〜12月	志賀の陣。光秀は比叡山を包囲。勝軍山城に入城し、吉田神社を訪れ石風呂に入る
	12月	戦死した森可成に代わって宇佐山城主となる
元亀2年　1571	5月	三好義継・松永久秀、信長に背く
	9月	信長の比叡山延暦寺攻めに参加し、焼き討ちする
		その後、近江志賀郡と洛中の旧山門領を拝領
	12月	義昭との主従関係を解消か
元亀3年　1572	7月	琵琶湖で浅井勢と戦う
	9月	信長、義昭に17カ条の意見状を出す
	12月	居城の坂本城天主が完成
元亀4年　1573	2月	信長と敵対した義昭らの勢力を今堅田城に攻める
	4月	信長と義昭和睦。武田信玄没
	7月	義昭の籠城する槇島城を攻める。信長、降伏した義昭を京都から河内若江城へ追放
天正元年　〃	7月23日	改元
	8月	信長の朝倉・越前攻めに参加し越前へ。朝倉・浅井氏滅亡
		この年、村井貞勝とともに京都代官に就任
天正2年　1574	1月	越前一揆蜂起。松永久秀の信長への降伏後、多聞山城の城代として入城。翌月交代
	7月〜	細川藤孝らと河内方面に転戦
	9月	伊勢長島の一向一揆滅亡

天正3年　1575	6月	信長から丹波攻めの総大将に任命される
	7月	惟任姓を与えられ、日向守となる
	7月	丹波・丹後攻めを開始
	8月	越前一向一揆攻めに参加
	11月	赤井直正の丹波・黒井城を包囲
	12月	丹波国内に徳政令を発令
天正4年　1576	1月	信長が丹羽長秀に安土城築城を命じる
	1月	黒井城を攻めるが、八上城の波多野秀治に裏切られ敗北。坂本に戻る
	4月	石山本願寺攻めに出陣。天王寺砦を守備
	5月	石山で病気になり帰京
	10月	妻病む
天正5年　1577	2〜3月	紀伊・雑賀攻めに出陣
	10月	信長に反旗を翻した松永久秀・久通父子討伐のため大和・片岡城を攻める
		さらに信忠軍と合流し大和・信貴山城を落城させ、松永父子は自害
	11月	丹波・籾井城を落とし、八上城方面に転戦
		このころ、丹波攻略、統治の拠点として亀山城築城を開始
天正6年　1578	4月	丹波に再出陣し、荒木城の荒木氏綱を降伏させる
	4月	秀吉の援軍として播磨に出陣
	8月	このころ、娘の玉(後のガラシャ)が細川藤孝の子・忠興に嫁ぐ
	9月	丹波攻め再開

天正6年　1578	10月	荒木村重・村次父子が信長に背く
	12月	波多野秀治の八上城を包囲
		この年、亀山城完成
天正7年　1579	6月	八上城落城。波多野秀治らを拘束し安土へ移送
	7月	宇津城落城
	8月	黒井城落城
		国領城落城
		横山城落城。その後福知山城として改築
	9月	荒木村重、有岡城から尼崎城へ逃亡
	10月	光秀、丹波・丹後の平定を信長に報告
	11月	有岡城開城。荒木村重の妻子らは12月京都六条河原で処刑される
天正8年　1580	2月～9月	丹波国内の支配を進める
	8月	信長、細川藤孝に丹後、11月に筒井順慶に大和を与える
	9月～11月	光秀、滝川一益とともに大和の検地を実施
天正9年　1581	1月	安土馬揃えを差配
	2月	京都馬揃えの責任者となる
	4月	細川藤孝父子に招かれ、里村紹巴とともに宮津へ。茶会や遊覧
	8月	7、8日ころに妹の「御ツマキ」死亡
天正10年　1582	1月	年頭の礼のため安土で信長と面会
		斎藤利三、石谷頼辰を通じて、悪化していた信長と長宗我部氏の関係を取り持つ

3月	甲州・武田勝頼攻めに参加。武田氏滅亡。翌月帰陣
4月	信長が細川藤孝に備中高山の小早川隆景討伐の命を発し、その使者として伝達
5月15〜17日	安土で家康の饗応係を命じられて従事
17日	坂本に引き返し、中国攻めの準備
26日	坂本を出発し、丹波・亀山城に入る
27日	愛宕山に参詣し、三度くじを引く
28日	愛宕山威徳院で連歌会を催し、「愛宕百韻」を神前に捧げる
6月1日	亀山城へ戻る
	重臣たちに信長への謀反を明かす
2日	亀山城から西進するが引き返し、摂津・京都の分岐点の老ノ坂へ
	京都方面を選択し、明け方に桂川を渡る
	本能寺の信長を襲撃(本能寺の変)
5日	安土入城
7日	安土で、勅使吉田兼見と対面
13日	秀吉勢と山崎で激突し敗北(山崎の戦い)
	退却した勝竜寺城から坂本城を目指し敗走
	山科付近で落武者狩りに遭遇し落命
15日	坂本城落城
16日	光秀の遺骸、本能寺にさらされる

土岐源氏明智光秀の系譜を探る

美濃源氏フォーラム事務局本部理事長　井澤　康樹

戦国時代の最大の謎として名高い「本能寺の変」、そして事件の主役である明智光秀の素性も同様に諸説が唱えられており、その系譜に関わる当時の一次史料が顕われず混迷を深めてきました。しかし、何れの系図においても美濃源氏土岐一族の土岐明智氏からの分派であることが江戸時代以降に語られてきたようです。特に、室町時代に朝廷の御倉職であった立入宗継の言葉として残った「土岐のずいぶん衆であった」ことが何よりの拠り所となってきましたが、令和元年10月5日に美濃源氏フォーラム土岐氏研究講座において小野瀬和男氏の発表により群馬県沼田藩3万5千石の大名として明治維新を迎えた土岐家に伝わった古文書「土岐定政伝」が発見され、その中で光秀が自ら土岐氏の一族であると語ったことに注目が集まっています。それは……。

美濃源氏土岐一族とは、神武天皇から数えて第56代清和天皇を祖とする源氏であり、一般的には土岐源氏と呼ばれることもあり、貞純親王そして皇孫経基王が源姓を賜り臣籍降下したことに始まります。そして、多田盆地に入部して多くの郎党を養い武士団を形成した満仲が摂津守だけでなく美濃守となったことから、その後の頼光も続く頼国にしても同様に在京して検非違使など務め中級の役人でありながら摂関政治の藤原氏に臣従して官職を得て財力を蓄え、そして国司として美濃の支配に関わることとなります。国房からは、東大寺領の茜部荘の荘司を務めますが、西境の地を私領の鶉郷に組み込んだため荘務が停止、そのため荘園の入組んでいた茜部から土岐郡の東大寺領高田勅

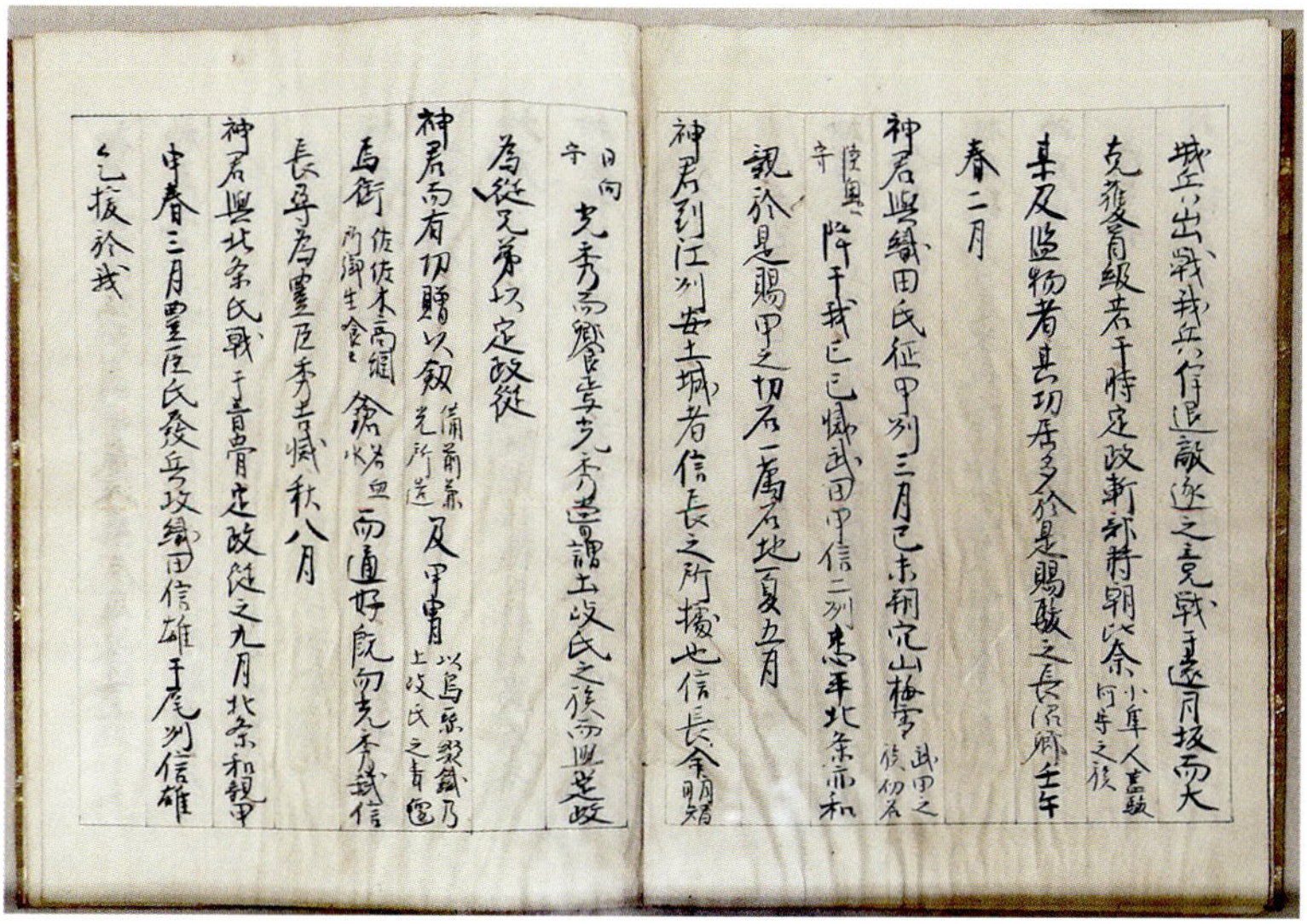

沼田藩主第19代故土岐実光氏寄贈「土岐定政伝」群馬県沼田市蔵

史田を白川院の意向により任されることとなり、新開地での活躍を迎えます。

後を継いだ光国や光信なども検非違使でありながら、土岐郡での勢威を整えていきますが、特に光基の時代は源義朝に従い「保元の乱」や「平治の乱」において活躍しています。しかし、平氏が台頭した後、源頼朝の御家人となった源光衡が土岐姓を名乗り土岐源氏が誕生。鎌倉幕府北条執権の側近千葉氏一族の東胤頼から光行は室を迎え、その後の光定や頼貞も北条氏からの閨閥《けいばつ》が始まりました。以後、後醍醐天皇の令旨に決起した「正中の変」や「元弘の変」を通して宮方でありながら、足利尊氏の離反から始まる南北朝時代に美濃守護となり、１５５２年に斎藤道三の国盗りで美濃を追われる土岐頼芸まで約２２０年間美濃守護11代に亘り台頭、名族として歴史に名を刻みました。

この間、美濃・尾張・伊勢の三国守護として支配し多くの分家が誕生しますが、その数は１００家にも及び史料に現れます。なかでも土岐頼貞の九男頼基から始まり14世紀中期に土岐明智氏が分派、４００年後には江戸幕府老中に上り詰める沼田藩土岐家となりました。その始祖となった定政は足利尊氏から安堵《あんど》された多芸郡で生まれており、父定明が斎藤道三に敗れて母の在所設楽郡田峯の菅沼氏に養育され14歳で徳川家康軍に出陣、以後多くの手柄から家康の命により土岐姓に復し、徐々に大名家への道を歩き続けることになりました。そして、天正10(1582)年5月15日、信長が光秀に家康の饗応を命じた時、光秀が定政に対し土岐氏之族、また定政とは従兄弟であると自ら語ったとの貴重な伝記、それは定政の孫の定隆によって記録されて残りました。この時、定政に光秀から渡された青氈(宝物)は現代まで引き継がれ、「本能寺の変」の2週間程前に、土岐氏の惣領が持つべき物として渡されたと伝わりますが、光秀が持ち続けてきたのか、または本来の惣領から引き継いだものか、果たして……。

この沼田藩土岐氏の系統には、土岐明智氏が安堵された土岐郡妻木・下石・笠原・曽木・鶴里を拠点とした妻木氏が分派しており、光秀の妻煕子の在所でもあり、光秀の妹ツマキとして記録されたのは光秀か煕子か、どちらの妹なのか今後の研究を進めねばなりません。

尚、土岐明智氏の系譜には土岐頼貞の嫡男頼清の子で頼康の弟であった頼兼を祖とする系統もあり、但し光秀まで続く系統は頼基系と似通っていることから、後世に資料錯綜して組み立てられたようでもあり、系図系譜研究ばかりでなく戒名からの探求も始まっています。

そして、土岐明智氏の支配の元となる明智・明地・明知について土岐郡の周りには旧恵那郡明知と可児郡明智と春日井郡明知が存在してきましたが、土岐郡内には見受けられません。

しかし、土岐川下流域には土岐明智頼高開基の定光寺や土岐長山遠江守頼元の良福寺があり、また安堵された海東左近将監跡と思われる海東遺跡があることから、そして春日井郡篠木荘は北条氏の荘園であったことから、土岐川（庄内川）を挟んだ土岐明智氏の拠点であった可能性を探求しています。

さて、斎藤道三に美濃を追われた土岐頼芸は天正10（1582）年3月11日に武田勝頼が滅ぶと匿われていた牢人たちの一人として現れることになりますが、武田氏との交渉に光秀があたっていたのか、そして惣領であった土岐頼芸と明智光秀が顔を合わせる場面があったものか、その際土岐家の惣領が光秀に渡され「土岐氏絶えなば足利氏絶ゆる」との言葉が再び発せられたかどうか、歴史ロマンを感ぜられて仕方がありません。

故高木紀彦氏作「祖先清和天皇孫源経基・美濃源氏土岐一族累代画像」

光秀の楽しみ方

監修　土山公仁

今年の3月まで30年以上勤めていた岐阜市歴史博物館で道三や信長の面影を求めて全国から訪れる多くの人々に接してきた。歴史にロマンやシンパシーを感じてやってくる来館者からのさまざまな問いかけに、未熟で若かったぼくは、ドラマや小説の世界とアカデミックな歴史の見方がいかに違うかを伝えるのが博物館学芸員のミッションと考え、今考えるとかなりつっけんどんな対応をしてきたのではないかと反省している。博物館に集客施設という側面がある以上、来館者のニーズには当然前向きになるようこたえるべきなのだ。とりわけ歴史に興味や関心をもってくれる来館者に、その興味や関心のもとになったものをずたずたに否定するのは愚の骨頂だと今では思っている。今や減少傾向の止まらない歴史愛好家の興味を高め深めるのが博物館のお仕事で、歴史愛好家の数を減らすかも知れないことは厳に慎まなければならない。

歴史の舞台になった場所や関連する資料を展示している博物館などを訪れることは歴史を楽しむ王道のひとつだろう。ところが、歴史を生業にして研究している人たちに限って現地踏査をなおざりにしがちだ。特にテーマが広範囲に及んでいるとしっかり踏査している人はさほど多くないと思う。アカデミックな歴史研究者と歴史小説家がそれぞれの立場で糾弾しあうさまをしばしば見かけてきた。正直、そんな論争に対して、ぼくはどっちもどっちという感想しかもたないが、それでも考えの斬新さや発想力という点では歴史小説家に軍配をあげたくなる。それは歴史の研究者が小説家と比べて発想力に結び付く創造性に乏しいというのではなく、歴史小説家が歴史の舞台を叙述するため現地をしっかり観ているからに相違ない。今回この本の取材のため著者の山本さん、カメラマンの安藤さんたちと光秀ゆかりの地をめぐって切に感じたことである。

たとえ、原風景が開発によって大きく損なわれていたとしても、歴史を感じるアンテナを折りたたんでしまいさえしなければ、それまで気づかなかったさまざまな考えが自然にうかんでくる。

軍事面で光秀最大の功績は丹波攻略だ。信長が佐久間信盛を追放した際の自筆折檻状《せっかん》で「丹波国日向守（光秀）働き、天下の面目をほどこし候」と真っ先に褒め上げていることでもわかるだろう。ところが、光秀は丹波平定に4年間も費やしているので、なぜ信長がそれほど光秀を評価したのかピントこなかったのである。光秀の丹波攻略の拠点亀山城と周山城は直線距離にしてわずか17キロメートルほどだ。取材当日、途中寄り道はしたものの、亀山から周山城の麓にたどり着くまで、山本さんの運転で対向車とのすれ違いも困難な峠道を越え、2時間近くかかったように思う。おかげで、光秀が月見をした周山城の山頂に登る時間がとれなかったのが今でも悔やまれる。丹波国は山塊に隔てられた小盆地の集合体だ。だだっぴろい濃尾平野で生活していると、たとえ地図上で距離が近くとも、重い兵糧や軍事物資を運びながら行き来する困難さに思い至らなかったのだ。大軍を動員し短時間で一気に面的に制圧する作戦がそもそも不向きな土地柄なのである。

近江の坂本と京都を結ぶ山中道というルートがあることは以前から知っていた。しかし、この取材で何回か通るまでは、坂本と京都がきわめて近い距離にあることを実感できなかった。また、吉田神社が京都から山中道への出発点に近いことも知り、なぜ吉田兼見が頻繁に坂本を訪れていたのか、なぜ光秀が信長の屋敷地として吉田神社を推薦したのかもわかるような気がしてきた。

今回の取材で一番のハイライトは4月の後半、汗だくで3時間以上もかけて登った愛宕山だ。愛宕山からは京都の町並みが一望できた。排気ガスや中国大陸からのPM2・5がなかった時代、誰かが大軍を率いて入洛すれば、その軍勢のおおまかな人数もわかったと思われるほどの距離感だった。さらに驚かされたのは、山本さんが残雪に気が付いたことだ。イエズス会の記録で、織田信忠が本能寺の変の3日前、京都の愛宕山に大金を奉納し、自邸にもどり裸身で雪をかぶったという記述があることは以前から知っていた。しかし、とても京都で雪が残っていたとは信じられず、その記事を長年スルーしていた。しかし、今日のように温暖化が進んでなく、意図的に修行のため雪を確保する意図さえあれば、天正10年旧暦5月末の時点で、愛宕山には雪が残っていたに違いない。だとすると、信忠じしんかなり微妙な時期に愛宕山に参詣したのではと思うようになったのである。

フィリップ・コトラーという経営学者は現代のマーケティングを4・0と位置付けている。生活や価値観の変化に直結し、自己実現できる手段の提供こそが現代マーケティングのキーポイントと主張したのである。歴史という商品もマーケティング4・0に沿った新しい楽しみ方が求められている。

みなさんもこの本をガイドブックに光秀ゆかりの地に足をお運びいただきたいと思う。それぞれに新しい発見が待っているはずです。その発見が光秀を楽しむ第一歩です。けれどそこで満足して止まっていては自己実現にはなりません。次に自分の考えや感想を今はやりのSNSにどんどん発信してみてください。そこから、さまざまな輪も広がっていくはずです。そして、そこに少しでもこの本の感想も書いていただけると監修者としてはうれしいかぎりです。

UGC(User Generated Content・一般ユーザーによって作られたコンテンツ)は、マーケティング4・0で重視されています。昨今問題になることの多いステマを読者のみなさまにお願いしているわけではありません。

おわりに――光秀の挫折と栄光

明智光秀とは、結局何者だったのか。足跡を訪ね歩くうちに、その問いは次第に大きくなっていった。美濃源氏土岐氏の一族。戦略、築城技術、行政手腕に優れた武将。連歌、茶の湯などをたしなむ一流の文化人。そして信長配下の武将では長くトップの座にいた。それらのことをつなぎ合せても、なかなか人物像が見えてこないもどかしさが募った。

主君信長を討った本能寺の変の動機には、さまざまな説がある。シンプルに考えてみよう。丹波平定を成し遂げたことで、信長配下での光秀の役割は急に軽くなり、挙げ句に秀吉の応援に回るよう命じられた。そんなとき、天下を取る千載一遇のチャンスが目の前に現れ、たやすくそれを実行した。それだけのことではないか。

ただ残念なことに光秀は、亀岡や福知山では名君と慕われても、天下人の器ではなかった。山崎の戦いで静観に回った細川藤孝や筒井順慶は、そのことが分かっていたのだろう。

魔王のごとき信長を葬ったことで、秀吉、そして家康へと覇権は移った。もしも信長の天下統一が成り、その治世が続いていたら―。日本の歴史における永遠のｉｆは、光秀の手中にあり続ける。それを彼の栄光としよう。

主な参考文献

「系図纂要」第３冊、第 12 冊（復刻版）		名著出版
「寛政重修諸家譜　巻第七百八十七」	堀田正敦編	国立国会図書館デジタルコレクション
「明智氏一族宮城家相伝系図書」	東大史料編纂所「大日本史料」	
「続群書類従　第５集下　明智系図」	塙保己一編・大田藤四郎著	続群書類従完成会
「美濃國諸舊記　巻之五」	黒川眞道編	国史研究会
「明智軍記」	二木謙一監修	ＫＡＤＯＫＡＷＡ
「明智軍記」	田中淑紀現代語訳	大衆書房
「川角太閤記」	西川原角左衛門	共同出版
「翁草」	神沢貞幹	歴史図書社
「稿本美濃誌」	土岐琴川	宮部書房
「郷土史料　美濃物語　完」	土岐琴川	寺島傳八
「美濃可児史略」	櫛田道古	名古屋図書館本
「明智町誌」		明智町（現恵那市明智町）
「恵那郡誌」（復刻版）		大衆書房
「御嵩町史　通史編上」		御嵩町
「可児町史　通史編」		可児町
「可児市史　第２巻　通史編　古代・中世・近世」		可児市
「大和村誌」	富田幸一編纂	富田幸一
「岐阜県中世城館跡総合調査報告書第３集可茂地区・東濃地区」		岐阜県教育委員会
「創出されたヘリティジ　―岐阜県可児市明智城跡を事例に―」	大平晃久	東海女子大学紀要 25
「進士山岸家嫡流　明智光秀公〝ゆかりの地〟見聞記」	鈴木利通編集責任	多良歴史同好会
「明智氏血脈山岸家相伝系図書」	田中豊編纂「明智光秀公家譜古文書」	
「濃飛戦国武将伝」	川口半平	創研社
「濃飛史譚」	平塚正雄	岐阜県人協会
「改訂版郷土史事典　岐阜県」	船戸政一編	昌平社
「伝説と歴史の谷間」	郷浩	中広プロダクション
「美濃源氏土岐氏主流累代史　全」	渡辺俊典	岐阜県瑞浪市土岐氏主流累代史全発行会
「淡海温故録」		国文学研究資料館
「『淡海温故録』の明智光秀出生地異伝と現地伝承について」	井上優	滋賀県立琵琶湖文化館研究紀要第 35 号
「明智光秀」	高柳光寿	吉川弘文館
「明智光秀の生涯と丹波　福知山」」	小和田哲男監修	福知山市
「明智光秀と本能寺の変」	小和田哲男	ＰＨＰ文庫
「図説　織田信長」	小和田哲男・宮上茂隆編著	河出書房新社
「明智光秀　浪人出身の外様大名の実像」	谷口研語	洋泉社歴史新書ｙ
「明智光秀　史料で読む戦国史」	藤田達生、福島克彦編	八木書店
「ここまでわかった！明智光秀の謎」	歴史読本編集部編	新人物文庫
「図説　明智光秀」	柴裕之編著	戎光祥出版
「近江の城」	中井均	サンライズ出版
「近江戦国の道」	淡海文化を育てる会編	サンライズ出版
「明智光秀と近江・丹波」	福島克彦	サンライズ出版
「信長が見た近江　『信長公記』を歩く」	大沼芳幸	サンライズ出版
「フロイスの見た戦後日本」	川崎桃太	中公文庫
「荒木村重」	天野忠幸	戎光祥出版
「ここまでわかった 本能寺の変と明智光秀」	洋泉社編集部	洋泉社歴史新書
「光秀からの遺言　本能寺の変 436 年後の発見」	明智憲三郎	河出書房新社
「完全版 本能寺の変 431 年目の真実」	明智憲三郎	河出文庫
「明智光秀ゆかりの地を訪ねて」	塩見弥一	日本国書刊行会
「明智光秀　東美濃物語」	籠橋一貴	恵那市観光協会明智支部
「桔梗　二十周年記念誌」	明智光秀公顕彰会	
「明智光秀」	信原克哉	編集工房ソシエタス
「大僧正天海」	須藤光暉	富山房
「明智光秀　物語と史蹟をたずねて」	早乙女貢	成美文庫
「歴史 REAL　明智光秀」		洋泉社 MOOK
「美濃源氏土岐氏研究講座」「武家文化歴史回廊講座」議事録　2016、2017、2018		美濃源氏フォーラム事務局
機関誌「城」第 104 巻		東海古城研究会
西美濃わが街　No.352　「特集　歴史以前の光秀」		西美濃わが街社
週刊ビジュアル　日本の合戦 No16　「明智光秀と本能寺の変」		講談社
歴史人　2019 年７月号　「本能寺の変の真実」		ＫＫベストセラーズ

写真提供などでご協力いただいた個人や団体（順不同、敬称略）

井澤康樹（美濃源氏フォーラム）
黒田正直（妻木城址の会）
荒深勝治
林則夫
龍護寺
天龍寺
大垣市上石津郷土資料館
鈴木利通（多良歴史同好会会長）
美濃加茂市民ミュージアム
西教寺
前阪良樹（西教寺主事補、明智光秀公顕彰会事務局長）
崇禅寺
日本大正村
花木敏美
太田好信
多賀観光協会
見津新吉（佐目十兵衛会）
澤田順子（佐目十兵衛会）
本徳寺
慈眼寺
大本
亀岡市観光協会
吉田神社
美濃歌舞伎博物館 相生座
餅寅

本書は岐阜新聞に2019年2月3日から12月17日まで連載された「光秀の歩き方」12回分に県外の光秀ゆかりの地を加筆し、収録したものです。

交通機関や問い合わせ先は、2019年編集時の情報です。出かける場合は、事前に確認されることをすすめます。

山本　耕（やまもと・こう）

1955（昭和30）年岐阜市生まれ。1979年に岐阜新聞社入社。主に編集整理畑を歩む。整理部長、報道本部長、東京支社長、広告局長、編集局長、論説委員長、常務取締役などを歴任。現在は岐阜放送社長。著書に『口笛と分水嶺』（2015年、岐阜新聞社）がある。

土山　公仁（つちやま・きみひと）

1956（昭和31）年長崎県大村市生まれ。名古屋大文学部史学科卒。岐阜市歴史博物館学芸員を経て愛知淑徳大非常勤講師。著書に『戦国武将の合戦図』、『岐阜県謎解き歴史散歩』（共著、新人物往来社）『国盗り道三』『信長と美濃』（監修、岐阜新聞社）など。

安藤　茂喜（あんどう・しげき）

岐阜県大垣市在住のフリーカメラマン。岐阜新聞社、元編集局報道部写真記者。

広東　もな（かんとん・もな）

岐阜県羽島市在住の漫画家＆イラストレーター。羽島市の初代「はしマイスター」に就任。書籍や広告で漫画とイラストを描く傍ら、幼稚園や介護施設で絵を教えている。

光秀の歩き方

発行日　2019年12月21日
著者　山本 耕
監修　土山 公仁
写真　安藤 茂喜
文中マンガ　広東 もな
編集　岐阜新聞情報センター出版室
〒500-8822
岐阜市今沢町12　岐阜新聞社別館4F
TEL.058-264-1620（出版室直通）

印刷・製本　日本印刷株式会社

価格はカバーに表示してあります。
乱丁本、落丁本はお取り替えします。

ISBN978-4-87797-277-6